为菌正名

WEI JUN ZHENGMING

杜灵广 著

河南大学出版社
HENAN UNIVERSITY PRESS
·郑州·

序一

杜灵广先生撰写的这本书——《为菌正名》的核心思想是细菌是有益的还是有害的。这是一个主题明确的命题，不管是谁，专家学者也好，寻常百姓也罢，任何人都不能回避。这是经历了一个世纪的重大问题。20 世纪初，在烈性传染病（伤寒、霍乱、鼠疫等）大流行的情况下，人们开始谈菌色变，视其为洪水猛兽，当时细菌被看成是有害的。抗生素问世后，发现引起菌群失调，细菌的功能开始被怀疑，后来发现抗生素的弊端愈来愈严重，现在已达到不能容忍的程度，发展到了与人类势不两立的地步。因此，可以得出结论：细菌不是坏的，而是好的。

人类和环境是对立的统一体，没有环境，生命就不能存在。细菌是人类内外环境必需的组成部分。因此细菌对人类不仅是有益的，而且是必需的。

杜灵广先生撰写的这本书主题正确，观点鲜明，对广大读者大有益处，我全力推荐并支持把这本书奉献给读者。

2012.10.15
于天津

序二

杜灵广同志查阅了大量资料，以大量的事实说明细菌可以不需要人类而独立生存，而人类终身则一时一刻离不开细菌，读者阅后将会对细菌有较全面的认识，这就是本书的最大贡献！

中国科学院微生物所研究员　郭兴华
2012 年 12 月 31 日

序三
知行合一的执着践行者——杜灵广

今天，我们在享受现代化进程所带来的巨大便利的同时，也深刻感受到它的副产品所带来的生存危机：江河湖海被严重污染，日趋富营养化，喝的水难放心；土壤板结，农残超标，吃的食品不安全；垃圾遍野，空气污染，"雾霾"重重，呼吸一口新鲜空气竟成了奢望；高血压、心脏病、肥胖症、糖尿病、恶性肿瘤的发病率逐年升高并趋低龄化……面对严峻的现状，我们不由得思考：问题究竟出在哪里？我们在改变现状时怎样才能有所作为？综合治理的根源到底从哪里下手？

杜灵广，作为一位生物制药专家，多年来一直潜心研究怎样减少或避免药物对人体的毒副作用，其间曾师从大连医科大学康白教授从事微生态医学研究。十几年来，又对细菌对动物、植物及环境的影响产生了浓厚兴趣，并进行了深入细致的研究。根据微生态学原理，他发现：不只是人体的许多疾病与菌群失调有关，动植物生长的好坏也与其自身及周边细菌的好坏、多少密不可分；土地环境恶化，表面看是土壤板结、水土流失、地表荒漠化，本质却是土壤中大量的细菌被杀灭，益虫消失，原有的生态系统被破坏、失调。而要解决这些问题,他认为要依从道法自然,返璞归真,从源头着手,请出那些我们看不见、摸不着的细菌来帮忙。带着这样的使命,十几年来他执着地在追梦、摸索,并把理论运用到实践中去,积累经验的同时,研发出人体保健、动物保健、植物保护、环境保护等方面的一系列新型微生态产品,经过市场的长期验证,这些产品效果极佳,令人称奇。

当《为菌正名》书稿出现在眼前时,我感到耳目一新,带着探究的心情一窥究竟,粗看一遍后,感触颇多。菌,指的是细菌,按常规思维,人们对它是有偏见的,既然有偏见,就会给它以不公正的待遇;既然不公正,就应该伸张正义给以平反,给以正名。顾名思义,作者旨在为细菌正名,这是一种新思维、新观点、新理念,是一次突破、一次革命,甚至是对传统观念的一次颠覆性的革命。

通常人们对细菌有这么几种看法和态度:一是对细菌的性质、功能以及特点不了解,盲目地认为细菌是万恶之源,是危害人类的大敌,是一切疾病的来源,因而谈菌色变,认为只有将其赶尽杀绝,才能得到安全。二是对细菌略有了解,认为细菌对人体有害的同时,也知道有些细菌是对人体有益的,像吃的蘑菇、银耳,喝的酸奶等,但细菌到底有多大好处,并不清楚。这样一来,当谈及细菌能传染疾病、给人造成危害时,往往不加辨别地认为,细菌的存在,危害还是极大的。虽然有些有益菌,也是弊大于利,既然弊大,危害就大,就得排斥,就得惩治,宁可错杀一千,也不放过一个。总的来说,也是要把细菌清除、赶尽杀绝的。三是对细菌的认识朦朦胧胧,漠不关心,人云亦云,盲目追随。比如说大肠埃希氏菌危害肠道;霍乱菌引起恶寒发热,危害极大;有了伤口,涂上碘酒或酒精,可防止细菌感染;饭前便后洗手,避免细菌入口……。这些认识和举止,且不说正确与否,单是口口相传,亦给人们造成一种印象,即有害细菌比比皆是,必须加以防范,预防其危害。最后,即使那些搞微生物或细菌学研究的人员,也是意见不一,大部分还是认为细菌是弊大于利的。

专门从事微生物和细菌学研究的杜灵广,认为细菌不是人类的仇敌,而是朋友,甚至是密切的、须臾也离不开的朋友。其理由和研究成果如下:

一、绝大多数的细菌对人类及其他物种都是有益的。

二、细菌在人体和其他物种机体中是客观存在的,是不可缺少的。细菌和其他组织器官同等重要,是人体和其他物种机体的一个组成部分,在特定条件下,甚至比其他组成部分更为重要。

三、细菌群中包含的有益菌、有害菌及中性菌和谐相处,达到相对平衡,是维持人和其他物种健康状态的重要条件。因此,保护细菌群的平衡,是我们追求的目标。

四、历史条件和多种原因造成人们对细菌的误解和偏见,为细菌招致不公的待遇,比如将其视为公害、仇敌而排斥,甚至赶尽杀绝。这样无知的行为就给人类和其他物种带来了严重危害。

五、当人们对细菌有了较为全面、正确的认识时,就应该纠正以往的偏差和错误,引导人们走向正确的轨道。

六、当人们为生存迷茫、渴望早日寻求到解决问题的好方法时,对细菌的全面认识并充分利用应是当今最佳的选择之一。

七、自有人类历史以来,人们为了生存和发展,前赴后继,不断探索,创造了丰富的物质财富和精神财富。随着时代的发展,社会对各方面的要求越来越高,特别是近代,伴随着现代化进程的日益加快,现代文明在高速发展的同时,负面作用日益显现,人们又陷入新的困扰之中。

每种新观点的提出和每件新生事物的诞生,都要冲破世俗观念的禁锢,克服种种困难和阻力,在经过严格的社会考验和验证,才能被人们认识、认知并接受,而最有效的办法之一就是用这些新思维、新理念、新观点指导下的依据去说服人们,并让他们在实践中了解和比较,在认可的基础上认识到:新生事物是对的,是充满活力的,是向前发展的,是具有潜力并且后劲无穷的。

杜灵广先生《为菌正名》一书中提出的新观点、新理念和新实践,我认为应该是新生事物,包括他所研发出来的经过多年社会检验而成型、成熟的系列产品,都需要更多的人来认知。这将是一个从不了解到了解,从不认可到认可,直至欣然接纳、完全接受的过程。

《为菌正名》能够奠定人们从理论高度认识细菌的根基,一系列与细菌相关的微生态产品正是在其理论指导下获得的成果,这些成果一旦运用到人类健康、动物保健、植物保护和环境

序三　知行合一的执着践行者——杜灵广

友好等方面,给人们带来的正能量和福祉将是巨大的、无穷的、无可估量的。客观地讲,《为菌正名》的适时出版,将为当前我国的生态文明建设起到推动作用,并在唤醒人们的环保意识、促使人们自觉进行人体肠道微生态建设和大地环境宏观生态保护方面发挥积极作用。

杜灵广既是一位作风严谨的学者型科学家,又是一位勇于创新的企业家,其旗下有微生态医药保健品公司、动物微生态保健品公司和生态农业科技公司等。十几年来,他围绕人体、动物、植物、环保等先后研发出几十种有针对性的微生态产品,取得了十几项发明专利和市、省、部级科技成果。初次接触杜灵广,他给人以忠厚、沉稳、朴实、真诚的感觉,深入交往,才了解到他对事业的追求和执着。多年来,他研究、探讨微生态学,孜孜以求,专心致志,精益求精。对于微生态领域的探索,他没有仅仅停留在理论研究的层面,也没有像一般学者那样满足于发表几篇科技论文、拿一两项科技奖项,而是通过建立企业实体,进行科学实证,在实践中探索,在探索中实践,是真正的言行一致、知行合一的科技工作者。正是这种不辞辛苦、勇于创新的精神,他才获得了今天的累累成果,值得我们学习和尊重,值得社会弘扬。

河南省文化厅国家级研究员、中华炎黄文化研究会理事　蔡柏顺
2014 年 5 月 6 日于郑州

前　言

　　公案错判若许年,误友为敌不白冤。
　　人菌本是好朋友,为尔正名在今天。

　　亲爱的读者,当您看到这个题目时一定会觉得奇怪,为什么要为那些"十恶不赦"的细菌(为行文方便,这里的细菌泛指细菌、放线菌、真菌等微生物,下同)正名呢?相信我们周围的绝大多数人时至今日仍存在着对细菌的误解。在大家眼里,细菌等于坏蛋,只有彻底、干净地全部消灭掉,心里才踏实。

　　亿万年来,我们生活的这个地球,物种丰富多彩,环境绚丽多姿,各种生物自由竞争,生生不息,并按照"适者生存"的自然法则,不断演化,曾是一个非常和谐的地球村。但近一两百年来,由于一种哺乳动物纲、灵长目、学名"人"的动物过度发展,并利用比其他生物发达的技术,大量攫取了地壳内的碳氢化合物(煤、石油、可燃冰等),合成了无数地球胃肠难以消化、降解的塑料、杀虫剂、除草剂、抗生素、农药等,在满足其自身贪欲的同时,造成了地球村空前的生态劫难:臭氧层被侵蚀后空洞化,室温升高,海平面上升,世界各地洪涝、干旱灾害频繁交替发生;地表荒漠化加剧,水土流失日趋严重,森林、湿地面积逐年减少;土壤中的有益细菌和线虫被杀死,造成板结、地力下降,蔬菜、粮食等农作物品质退化,对"前途未卜"的转基因食物依赖越来越严重。所谓的"现代化养殖业",是依靠药物和激素维持的"疯狂养殖业",对地球村一群群原本活蹦乱跳的猪、鸡、鸭、牛等"搞禁闭",通过药物和激素将它们"催大"。这种工厂化生产出来的肉、蛋、奶不但味同嚼蜡,而且含有大量的药物和激素残留,是一波又一波食品安全事故的公分母。在人类自身的医疗行业中,抗生素也往往被当作无所不能的武器而被滥用。据权威统计,我国住院患者抗生素的使用率一度竟高达80%,是世界卫生组织推荐的30%的近2.7倍,这为耐药"超级细菌"的传播留下了可怕的隐患。正如美国著名历史学家斯塔夫里阿诺斯指出的那样:"迄今为止,人类已利用其卓越的智力主宰了环境,从而获得了自己目前在地球上的首要地位。但是,随着这一地位的获得,又随着这一地位迅速消失在当今世界范围的社会与环境的退化中,人类现在正面临着新的挑战。这一挑战要求他从聪明的灵长类转化为明智的人类——即从聪明转变为明智。"①

　　我们现在看到了一种奇怪的情形:一方面是地球村人类的科技越来越发达,另一方面则是地球村人类自身的癌症、心脑血

---

　　① 斯塔夫里阿诺斯:《致读者:为什么需要一部21世纪的全球通史》,见《全球通史:从史前史到21世纪》(第7版修订版),北京大学出版社2006年版,第12页。

管疾病、不孕不育症等发病率越来越高。大家有没有想过：这"地球病"和"人体病"之间有什么必然的联系吗？长期以来，人类一直在迷茫地、苦苦地寻求答案。今天，我们站在宏观地球生态学和微观环境生态学的角度来看，谜底已经揭开。原来这一切都与一种叫"细菌"的生物被滥杀和破坏直接相关！

不知从何时起，人类为自己树立了一个"十恶不赦"的敌人——细菌。君不见，我们吃的是"杀菌保鲜膜"包装的食品，喝的是纯净无菌的"蒸馏水"，用的是"杀菌漂白洗衣粉"，头痛脑热时到药店购买的是"抗菌素"，到商场我们喜欢买的是"无菌"冰箱、"杀菌"空调，货架上摆的也是"抗菌"内衣……。人们把细菌当作万恶之源，"谈菌色变"，必欲置之死地而后快。电视台播出的电视广告也曾给不少观众留下了深刻的印象：一位年轻的妈妈手拿一块杀菌香皂，对着正在玩耍的儿子说："难道你要把细菌也吃到肚子里吗？"或者广告中频频出现"有了……变异细菌我不怕"……。在人们的眼中，细菌就是个坏家伙，唯恐避之不及。大家似乎幻想，要是能生活在无菌的世界里该多好啊！社会发展到21世纪的今天，我们真该为人类得了这种"文明病"感到悲哀。几年前，英国一个医学小组经过多年的研究，终于弄清楚了生活在农村和城市里的孩子体质强弱差别的主要原因，且在国内学者的论文中亦有论证：农村的孩子出生不久，就在地上摸爬滚打，通过皮肤、消化系统等接触到一些细菌，包括那些有害的细菌，这些细菌无形中成了孩子们天然的"免疫赋活剂"，它们刺激孩子体内的免疫系统(如淋巴、脾脏等)产生各种抗体,从而大大增强了这些孩子后天抵抗疾病(包括抗感染、抗肿瘤)的能力。而城市的孩子往往由于得到"过度"保护,身上太"干净"了,就像电视广告中的年轻妈妈一样,家长们用高效杀菌香皂一天到晚不停地为孩子们清洗,结果使孩子们失去了接触泥土中细菌的机会,免疫系统得不到刺激,很不完善,抗体水平普遍较低,体质自然也就比较差。再一个就是发生在我们身边的大家都非常熟悉的事情,那就是为了讲卫生而一贯强调的不要"喝生水"的问题,不过,这在今天看来也需要具体情况具体分析了。现在的农村,绝大部分地区都完成了"饮水工程改造",实行的是深井加管道输送,没有添加漂白粉等,水质非常好,富含钙、镁、锶等矿物质,即使有少量的"杂菌",笔者认为也很适合成人和儿童直接饮用,能够增加抗体,增强体质,有益健康。这不知要比花钱喝那些"纯净水""蒸馏水""碱性水"以及各种"碳酸饮料"强多少倍。可见,我们多年来形成的"卫生"观念,也应该"除旧换新、与时俱进"了。

诚然,近年来,随着科学技术的普及,越来越多的人对细菌的作用有了一定的认识,但大多仍比较肤浅、片面,还不科学。如对细菌在人体免疫、代谢、排泄、消化、衰老、保健、遗传过程中极其重要的作用知之甚少;对细菌在提高人类生活质量、改善食品品质、修复被污染的土壤和水体以及保护生态环境中发挥的巨大的、不可替代的作用基本不了解,甚至闻所未闻。看来有必要推动大家全面、深入、正确地认识细菌了,那么首先要做的就是"欲想正名,必先扫盲"。

微生态学知识告诉我们:无论是人、动物还是植物,正常菌群与免疫、代谢在共同的宿主遗传基因的控制下,构成生命存在的三大支柱。对宿主来讲,正常菌群不是"异己",而是"自己"。我们看到,宿主身上正常的细菌成员不会引起自身宿主的免疫排斥,如其自身细胞一样。这就告诉我们,要转变观念,把自己体内正常存在的细菌家族,当作与呼吸、消化、循环等系统一样重要的一个系统加以保护。

正常菌群是人、动物和植物生命活动不可或缺的组成部分,它们参与了宿主的生理、生化、病理、组胚、解剖、生长、发育、免疫及生物拮抗等一系列生命过程。试验证明,仅仅10个沙门氏菌就可以将一只无菌的豚鼠杀死,而同样条件下杀死一只正常的豚鼠则需要10亿个沙门氏菌。后者的健康程度是前者的1亿倍,足见体内的菌群对机体保护作用的巨大。

多年来,我们害怕细菌,致使细菌成了疾病的代名词,并在细菌身上罗织了众多"莫须有"的罪名。不会说话的细菌,像窦娥一样,默默地承受了天大的"不白之冤"。今天,我们终于明白,细菌不但不"坏",而且是我们须臾不可离开的朋友。细菌家族极其庞大,种类繁多,上至2万米的高空,下至几千米的深海,到处都可觅见它们的踪迹,其中约99%都是对人类有益而无害的,只有不到1%有时候才产生不好的作用。无论你愿意与否,事实上每个成年人身上都携带着超过1千克、与肝脏重量差不多的细菌,它就像人体的一个重要组织器官一样,无时无刻不在影响着我们的消化、吸收、代谢、排泄、免疫、营养、健康、衰老等。科学家对世界上4个长寿之乡的百岁以上的老人进行考察研究后,得出的结果惊人地一致:他们肠道中有一种叫双歧杆菌的细菌要比其他地方的老人多得多!这又意味着什么呢?

35亿年前就已经存在的细菌,其"不为尧存,不为桀亡",创造了我们这个星球多彩斑斓的大千世界,支撑起了这个星球一切生命活动的基础。可以说,没有细菌,就没有这个世界;没有细菌,就没有我们人类。

十几年来,笔者一直从事微生态医药、微生态动保、微生态植保等行业的研究和实践工作,目睹人们无所不用其极杀死细菌这些无辜小生灵的种种作法,导致了从人体、动植物体到环境的一起又一起的生态灾难,不由痛心疾首,为菌悲叹,同时亦感皆是人们对细菌存有的误解和偏见所致。于是就想着写一本为细菌"平反"的书,用科学、翔实、丰富的事实和数据告诉人们事实的真相。无奈这是一个跨学科的大课题,一方面囿于自己的学识,另一方面则因要想将深奥的微生态理论生动活泼、深入浅出、系统全面地介绍给读者绝非易事,再加上日常工作事物纷繁,素材的搜集和整理进展缓慢,故而历经数年,方成此书。

本书草成后,笔者首先拿给了自己多年来一直敬重的大连医科大学教授、中国微生态事业的奠基人和泰斗——康白老师审阅,康老师对书中的一些观点和提法,给予了中肯的指教和评点，并写序推荐，在此对康老师表示衷心的感谢。

中国科学院微生物研究所郭兴华研究员、郑州大学韩萍教授、大连医科大学袁杰力教授、中国农业大学张日俊教授、河南农业大学崔保安教授、河南工业大学屈凌波教授和华北水利水电大学杜涵老师等，对本书的编写提出了许多宝贵和有益的建议；国家级研究员、中华炎黄文化研究会理事蔡柏顺对本书的内容提出了许多独到的见解并欣然挥笔作序；成都军区军旅书法家杜灵恩先生为本书题写书名，在此一并表示深深的谢意。

此外，本书的出版得到了河南大学出版社马博编辑以及马龙、肖凤英、申立萍等同志的大力协助和支持；郑州鸽子传媒有限公司的刘鸿鸽先生，对本书的顺利出版，也付出了心血，在此特表谢意。

了解了细菌，就是更深入地了解了我们所处的宏观生态环境；了解了细菌，就是更明晰地了解了我们人类自身的微观生态系统。今天，细菌这个小精灵，无论是在保持人体健康、造就高品位生活等方面，还是在变废为宝、净化环境、清洁生产以及冶金选矿、石油提炼等领域，都是我们不可或缺的好帮手。是时候啦，是到了我们该给这个曾经"恶贯满盈的家伙"平反昭雪、恢复名誉、还其本来面目的时候了……

杜灵广

2012年10月于郑州

目　录

第一章
人体健康与细菌 /1

一、抗生素临床滥用触目惊心 /1

中国临床使用抗生素的量是美国的 10 倍以上,是世界卫生组织推荐使用量的近 2.7 倍。抗生素滥用已威胁到人类自身健康安全,中国每年因使用抗生素造成的死亡人数是汶川大地震死亡人数的 6 倍。

二、微生态学的"三九理论"与"四定法则" /7

我们每个正常人身上都带有 1.27 千克细菌,这些细菌 90％ 是好的,9％ 是中间派,0.9％ 有时才是坏的。人体所带的 99％ 的细菌构成了机体防御疾病的第一道也是最重要的屏障之一。要判定细菌有益或有害,还要进行定性、定量、定位、定主的分析。

三、古老的中医理论与现代微生态学理论殊途同归/17

形成于2000多年前的中医理论,以整体观、对立统一规律对疾病进行辨证施治;而从现代西医派生出来的微生态医学,则从地球宏观生态和人体微观生态视角出发,讲究生态平衡,以有益的优势菌群治理机体"失调",最终靠机体自然恢复。在认识论和方法论上,两种医学达到了惊人的一致,可谓"不谋而合",异曲同工。

(一)中医学的整体观与微生态学的生物与内外环境统一论/19
(二)中医的阴阳学说与微生态学的平衡与失衡论/19
(三)中医的扶正祛邪理论与微生态的优势菌群理论/22
(四)中医的"治未病"与微生态学的预防保健理论/23

四、人菌大战与医学观念的革命/25

近代发展起来的西方医学,往往从病理学角度出发,把细菌看作是造成人体感染的主要因素,错误地认为使用广谱的、大量的抗生素把细菌杀得越彻底、越干净越好。然而,细菌的特性决定了它们是赶不尽、杀不绝的。

(一)人菌大战,最后胜者是谁/25

（二）关于细菌"感染"的观念/27

（三）人体内细菌究竟是"自己"还是"异己"/27

（四）胃内的幽门螺旋杆菌一定要赶尽杀绝吗/28

（五）对"卫生"观念是否需要重新审视/30

五、细菌宏基因组学的建立将破解人类健康密码/33

宏基因组学的研究表明，人体的基因与体内细菌的基因有高度一致性。正是这些共生在人体内、肉眼看不见的"小不点儿"们，对人们的免疫、营养和代谢等起着至关重要的作用。人体共生细菌的组成可以真实而准确地反映人体的健康状况。

第二章
动物（养殖业）与细菌/38

一、疯狂的养殖业现状/38

我国养殖业如今很"疯狂"，每年要用掉近10万吨抗生素，许多肉、蛋、奶、鱼药残超标。2011～2014年，食品安全问题连续被国务院列为影响我国民生的重大问题之一，食品安全已成为"国民心头之痛"。

二、养殖业滥用抗生素后果严重,令人不寒而栗/41

多年来,滥用抗生素已造成动物疫情越来越复杂,难以控制;肉、蛋、奶药残超标,品质下降,出口萎缩;抗生素残留通过牲畜粪便污染土地环境,导致耐药菌大量产生,并向下游产业链传递,危害人类健康。

(一) 动物性蛋白品质下降,食品安全事故不绝于耳/42

(二) 动物疫病频繁大流行,疫情防控越来越复杂/43

(三) 出口量大幅萎缩,农民养殖积极性备受打击/48

(四) 耐药细菌普遍出现,国人很快将无药可用/50

三、思考与对策/50

现在的养殖模式难以为继,必须悬崖勒马、痛定思痛。回归生态养殖方式,使用生物饲料或用微生态饲料添加剂替代抗生素是解决问题的有效途径。

(一) 使用生物饲料或添加益生菌替代抗生素是解决问题的有效途径/50

(二) 用细菌发酵秸秆和牲畜粪便回归农田,是完成自然界碳链循环的重要途径,也是实现有机大农业的必由之路/55

第三章
植物(种植业)与细菌/59

一、土壤中的细菌构成了有机大农业的基础/59

大地是生物之母,土壤是细菌的温床,植物生长过程中所分泌的物质为细菌尤其根际细菌提供了营养,这些细菌尤其根际细菌吸收了根部所供给的各种养分后,不忘"知遇之恩",不断适时地"吐哺"报答植物,促进植物健康成长,两者共生共荣,互惠互利,成为一个休戚与共、依存紧密的利益共同体。

(一) 土壤是细菌之母/59

(二) 细菌是植物优质高产的"保护神"和"利益共同体"/61

二、化学物质的滥用严重破坏了土壤生态/69

农药、化肥的滥施滥用,杀死了土壤中的细菌和有益线虫,造成土壤板结、地力下降、农产品失去风味。大量残留的农药还污染了土壤,污染了水体,污染了环境,破坏了土壤生态平衡,严重威胁着人类的健康安全。

(一) 农药的污染/69

(二) 化肥的污染/74

(三) 农药、化肥污染已成为新的公害/76

三、思考与对策/80

  我们已面临一场化学农业带来的"新公害",其牵涉范围极其广泛,已造成了日益加剧的生态灾难。我们是束手无策、听之任之,还是悬崖勒马、改弦更张？这是每一个有良知的人都不容回避的问题。尽快改变目前这种对土地"杀鸡取卵"式的耕种方式已迫在眉睫。生物修复,首先要对土壤中遭到破坏的细菌进行恢复,要由国家有关部门制定出减少农药、化肥使用的时间表和路线图,对在瓜果、蔬菜、茶叶、中草药中使用高毒农药的人员和部门,要有像查处"瘦肉精"事件一样的胆魄和力度严格执法。其次要"堵""疏"结合,与之相配套的是大力推广益生菌肥料、生物防治技术和产品,对新型的生物防治技术给予政策扶持和资金支持。加大使用益生菌有机肥料,推广生物农药,进行农作物病虫害的生物防治,才是摆脱目前窘境、生产绿色有机食品的不二法门。

（一）培植地力,增加有机质/83

（二）提高农作物产量/84

（三）改善作物品质/84

（四）提高肥料利用率/85

（五）减少或降低植物病虫害的发生/86

第四章
环境与细菌/89

一、地球丰富了姹紫嫣红的大千世界/89

曾在地球上生活过的生物种类可能多达5亿~10亿种。这么多的生物从无到有，从少到多，从简单到复杂，从低等到高等，进行着自然界的"新陈代谢"，而细菌则是一切生物进化的基础。它不仅是一个分解者，还是一个伟大的合成者，正是细菌完成了自然界的碳链循环，没有细菌帮忙，我们这个世界将面目全非、不可想象。

二、我国目前严峻的生态环境现状/98

水土流失严重、土地荒漠化、草场退化、森林资源危机、北方水资源短缺、土壤农残污染严重、生物多样性减少等构成我国目前严峻的生态环境现状。

（一）水土流失严重/99

（二）土地荒漠化/103

（三）草场退化/104

（四）森林资源危机/105

（五）水资源短缺/105

(六) 土地被农药污染/106

(七) 生物多样性减少/107

(八) 环境污染与"蜂群崩溃综合征"/109

三、思考与对策/112

  我们所处的生存环境日益恶化,本质是宏观生态系统遭到人为破坏所致,水体污染,水土流失,森林湿地减少,荒漠化加剧,我们看到的这些宏观生态现象,其实是土壤里、水体中、植被上我们看不到的微观生物系统失调或崩溃实质的表象。

  由于生产力的巨大提高,在人类200年、中国60年的快速"现代化"发展过程中,对生态环境造成的破坏已远远超过过去数千年累加的总和,生态修复更是任重道远。目前我们已无退路可走,必须悬崖勒马、痛定思痛、深刻反省。我们必须改变这种粗放的经济发展模式,要金山银山,更要绿水青山,彻底摒弃"唯GDP论英雄"的发展观。在经济发展与环境保护这对矛盾中,我们不妨借助古代先贤"天人合一"的理念和智慧,正确处理好天、地、人之间的关系,在发展策略和方法上,更要借助现代生物技术,尤其不要忘记请出人类的好朋友——细菌来帮忙。

(一) 古代先贤"天人合一"思想给予的启示/114

(二) 利用细菌进行环境修复/120

(三) 科学家对土壤的生物修复研究进展/122

（四）细菌环保事业的前景展望/124

第五章
前景光明的微生态事业/130

一、善待细菌,是生态文明建设的重要举措/130

党的十八大报告提出坚持"自然恢复为主的方针"。而生态面貌和功能恢复的检验标准则取决于土壤环境中细菌和自然植被恢复得如何,要真正做到这些,则必须善待和保护细菌。

二、保护细菌,合理开发细菌这个生物富矿/133

细菌的重要性远比我们知道的多得多,毫不夸张地说,它几乎占全了生物界的"世界之最":它是我们这个星球上历史最久、数量最多、分布最广、生长最快、总体积最大、适应性最强、种类最丰富、未知领域最神秘、研究前景最广阔的生物群。毫无疑问,人类在解决自身和社会的诸多领域都有拜赐于细菌这个小精灵,如自身健康、环境保护、绿色能源、有机农业、生态和谐等。对其进行合理开发将是人类文明的一大财富。

三、细菌应用的光明前景/135

随着科技的发展和人类文明的进步,细菌应用的范围和领域也越来越广泛,在治理污染、废物利用、疾病防治、保护环境等方面发挥了巨大的作用。细菌虽小,可它给人类社会带来了福音……

(一)细菌可以吃掉海洋油污/135

(二)细菌可以清除污染并产生电能/135

(三)细菌可以清除放射性污染/136

(四)细菌可以用来降解塑料/136

(五)细菌可以消耗温室气体甲烷/137

(六)细菌可以将报纸转化为汽车燃料/137

(七)细菌可以治疗癌症/138

(八)熊猫粪便中的细菌可以生产生物燃料/140

(九)细菌可以将人的粪便转化为火箭燃料/140

(十)吃尼龙的细菌可以用来清除工厂废料/141

(十一)噬硫细菌可以减少矿山酸性排水量/141

(十二)可替代抗生素的微生态产品/142

跋/144

第一章
人体健康与细菌

一、抗生素临床滥用触目惊心

中国临床使用抗生素的量是美国的 10 倍以上,是世界卫生组织推荐使用量的近 2.7 倍。抗生素滥用已威胁到人类自身健康安全,中国每年因使用抗生素造成的死亡人数是汶川大地震死亡人数的 6 倍。

进入 20 世纪,由于世界各地的人们交往频繁,造成了霍乱、鼠疫、天花、流感、伤寒等的大流行,亿万人的生命被夺去。自荷兰生物学家列文虎克发明显微镜以后,人们相继发现了从未见过的"霍乱弧菌""伤寒杆菌""布氏杆菌"等微小病原体。在 19 世纪末到 20 世纪初的一段时间内,"细菌主要是有害的"片面观念逐渐形成。1928 年,英国细菌学家弗莱明发现了青霉素,此后其他抗生素也相继被发现。第二次世界大战期间,抗生素拯救了成千上万人的生命。1971 年,我国女药学家屠呦呦首先发现了青蒿素,迄今为止,青蒿素已使全球数亿人受益,仅在非洲就挽救了上百万人的生命。屠呦呦女士也因此获得 2015 年诺贝尔生理学或医学奖,成为第一位获得自然科学类诺贝尔奖的中国人。世人将抗生素列为近代科学的十大发明之一,其历史功绩将永载史册。但问题是任何事物都不能走极端,"物极必反",就像真理被夸大会变成谬误一样。

据权威媒体报道,我国每年有 20 万人死于药品不良反应,其中 8 万人是死于抗生素滥用;我国 7 岁以下儿童因不合理使用抗生素造成耳聋的数量多达 30 万,其中大部分由滥用氨基糖苷类抗生素所致。

我国住院病人抗生素滥用现象十分严重。据世界卫生组织统计,中国住院患者抗生素的使用率高达 80%,其中广谱和联合使用两种以上抗生素的占 58%,远远高于世界卫生组织推荐的 30%,而英美发达国家的这一指标仅为 22%～25%;住院病人抗生素类药物费用更是占到全部药费的 40% 以上。

另据统计,我国使用量、销售量排在前 15 位的药品中,曾有 11 种是抗菌药物的记录,抗菌药物的不合理使用造成的直接经济损失每年都在 200 亿元左右。

浙江大学医学院肖永红教授提供的研究结果显示,我国 2006 年消耗掉的抗生素有近 20 万吨,人和动物几乎平分秋色,也就是人吃一半,动物吃一半。来自国家食品药品监督管理局的统计数据显示,我国人均消耗抗生素 138 克,是美国的 10 倍以上。平均每100名住院患者用到85份抗生素,是欧洲国家使用量的2倍以上。目前,抗生素仍排在药品销量的前列。医院药品收入的35%来自抗生素。

2004年3月15日,中央电视台《"3·15"之夜》直击抗生素危机,公布的调查结果显示,我国现有抗生素在治疗上不该用的占40%,家庭自己使用的抗生素占46%。上海某儿科医院的统计数据显示,该院多年来销售收入排在前3位的药物均为抗生素。此外,静脉注射已经成为滥用抗生素的新途径。每1000个患呼吸道感染的门诊患者中,有将近2/3会接受静脉注射治疗。儿科医院静脉注射应用抗生素现象更呈现逐年增加的趋势。1996年,注射用抗生素消耗金额占全部抗生素消耗金额的比例为46.7%,而2001年已上升为53.6%。

在众多破坏肠道菌群的常见因素中,抗生素应用排在首位(图1-1)。由于抗生素的滥用,我国医院临床细菌耐药现象普遍存在,并呈日益加剧之势,这足以使临床大夫们如坐针毡、头疼不已。

一项研究成果显示,我国医院金黄色葡萄球菌耐青霉素比例已经高达90%,造成肺炎的病菌在社区的标本有20%可以耐药,而在医院内这一比例可以达到60%以上。

2006年7月30日,卫生部有关负责人在福建省福州市召开的"医院管理与发展——医药质量与危机管理讨论会"上透露,2005年卫生部试运转抗菌药临床应用和耐药菌监测网,结

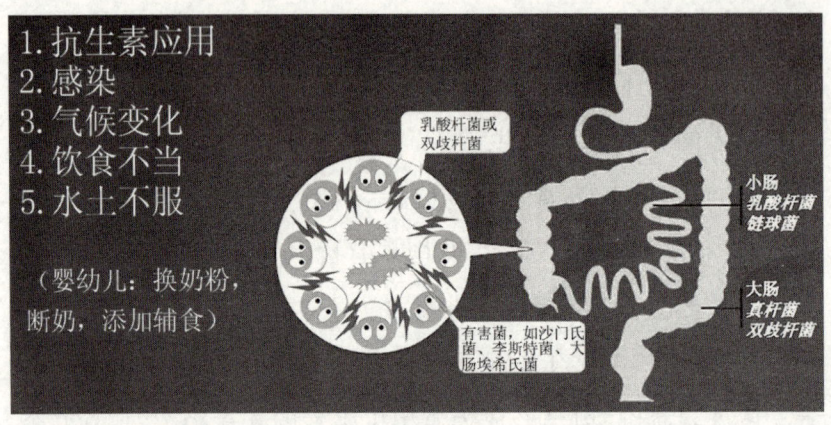

图1-1 破坏人体肠道菌群的常见因素

果显示90%的医疗机构预防性使用抗菌药不合理,治疗腹泻常用的氟哌酸,过去耐药菌不超过30%,目前已超过80%。

据全国著名中医、河南中医药大学李振华教授介绍,20世纪50年代,我国受链球菌严重感染的肺炎患者,每天1万单位的青霉素4天即可治愈,后来增加到4万、8万、16万单位,而现在单个患者治疗同样的感染,每天至少得注射1600万单位的青霉素才能控制,且病程大大延长。不难看出,数十年间细菌的耐药性增长了1600倍!

所谓细菌的耐药性,是指细菌多次与药物接触后,对药物的敏感性下降甚至消失,致使药物疗效降低或无效果。同自然界其他生物一样,细菌的基因也在进化中发生着变异。对抗生素敏感的细菌被杀死了,而基因突变后,不敏感的细菌可能存活下来,经过一次次的"遭遇战",存活下来的细菌都积累了丰富的

"战斗经验",成为变异的品种。如绿脓杆菌可以通过改变细胞膜的通透性,阻止青霉素药物的进入;结核杆菌通过改变体内蛋白质结构阻止抗生素与其结合;革兰氏阴性细菌甚至可以主动出击,用自己的"酶武器"水解掉青霉素和头孢菌素类药物。某些细菌不仅可以把突变的基因遗传给下一代,还可以通过直接接触、质粒传递等方式把耐药的"密码"传递给异种菌种,这些发现让医学家们大为震惊。

在被称作抗生素应用黄金时代的20世纪五六十年代,每年全世界死于感染性疾病的人数仅为700万,而到20世纪末,这一数字上升到了2000万。在号称世界科技最为发达的美国,1982年至1992年的10年间,死于传染性疾病的人数上升了40%,死于败血症的人数上升了89%,造成病死率升高的主要原因不是我们的科技倒退了,而是耐药菌给临床医师带来的用药困难。

20世纪五六十年代,医院感染病原菌主要是链球菌,到了20世纪八九十年代,耐甲氧西林的金黄色葡萄球菌、肠球菌,耐青霉素的肺炎链球菌、真菌等大量产生,这样导致感染的机会越来越多,治疗费用越来越高,医生手中的"武器"却越来越少。长此下去,不久的将来,面对严重的感染,人们将陷入无药可用的窘境。

卫生部发布的2006~2007年度全国细菌耐药监测结果显示,在临床上几年前还十分有效的左旋氧氟沙星,耐药率已达

70%以上。我国细菌呈现多重耐药,甚至全耐药的现象也极为普遍,耐药情况已居全球首位。如金黄色葡萄球菌分离率高达60%,大肠埃希氏菌在30%以上,细菌总体耐药率在45%以上。按照这一发展趋势,不出20年,现有的抗生素将全部失去效力,在细菌的严重感染面前,聪明的人类将无计可施。

复旦大学附属华山医院、中国医学科学院附属协和医院、卫生部北京医院等14所国内有代表性的权威医院通过多年临床细菌耐药性监测指出,细菌耐药性仍呈增长趋势,已对临床治疗构成严重威胁,加强感染控制措施已成当务之急。《2010年中国CHINET细菌耐药性监测》报告指出,金黄色葡萄球菌和凝固酶阴性葡萄球菌对甲氧西林的耐药率平均为51.7%和71.6%,部分大肠埃希氏菌、克雷伯菌属(肺炎克雷伯菌和产酸克雷伯菌)的耐药菌株平均为56.2%和43.6%,不动杆菌属(鲍曼不动杆菌占86.8%)对亚胺培南和美罗培南的耐药率分别为57.1%和58.3%。

《中国医院院长》杂志的一组数字更令人震惊:我国每年因抗生素的不良反应造成的死亡人数为8万~10万,因细菌耐药导致的死亡人数约50万,"5·12"汶川大地震无情地夺走了8万多无辜的生命,其惨烈程度震惊了国民,震撼了世界,而我国每年因抗生素滥用、细菌耐药导致50万人不治而亡,相当于6次汶川大地震,为什么却仅仅被科学家重视而被政治家漠视、被广大国民无视呢?

笔者认为,政府、社会监管的缺失,医院医生自律性不足,国民相关科学知识缺失、观念意识不强,这三方面的原因造成了今日十分严重但奇怪的现象。打开电视,翻开报纸,尽管《抗菌药物临床应用管理办法》已正式颁布执行,但有关"无需出示医生处方,仍可随意买到抗生素药物"的报道,多如牛毛。

有人说"在美国,买枪容易,但买抗生素难",而我国正好相反。从长远来看,抗生素滥用的危害要比枪支持有的危害大而广。美国对抗菌药物的控制很严格,定期考核医生的抗菌药知识,不及格者停止其处方权。

抗生素滥用至今,国民已为此付出了惨重的代价,要改变这种局面,政府需要加大执法惩戒力度;医生需要加强医德教育,提高社会责任意识;民众需要彻底转变观念,提高医学科学知识水平,而不要自作聪明,什么病都去求"万能的抗生素医生"。

佛教讲因果报应,因抗生素滥用造成的上述种种危害,实则是大自然对人类愚蠢行为的惩罚,我们是在自食其果。

二、微生态学的"三九理论"与"四定法则"

我们每个正常人身上都带有1.27千克细菌,这些细菌90%是好的,9%是中间派,0.9%有时才是坏的。人体所带的99%的细菌构成了机体防御疾病的第一道也是最重要的屏障之一。要判定细菌有益或有害,还要进行定性、定量、定位、定主的分析。

微生态学家发现,人体的皮肤、黏膜、器官、毛发等部位都被比例固定、数量不等的细菌占领着,这些细菌细胞与人体细胞之间无时不在进行着物质、能量、信息交换的"三流运转",正是这些细菌促进了人体的消化、吸收、营养、代谢、免疫、抗肿瘤、生物拮抗等一系列的生理生化作用,这些细菌与我们人体的呼吸、消化系统一样重要,是我们人体不可或缺的一部分。(图1-2、图1-3)

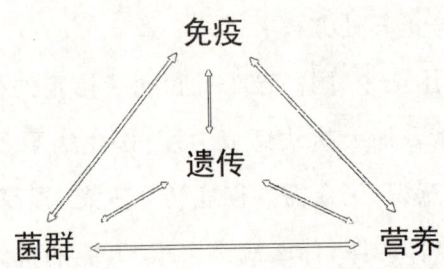

图1-2 微生态大三角

这些我们肉眼看不到的小精灵,如果用一组数字表述的话,将会达到令人叹为观止的程度:一个正常的成年人身上带有约1000种、100万亿个细菌,是人体细胞数的10倍。这些细菌占有人体内微生态的表面积相当于140个足球场那么大,这些小家伙如果首尾相接将达到10万千米,差不多可绕地球两圈半,其总重量达到1.27千克,体积大小相当于我们的肝脏,它们80%以上都"居住"在肠道。我们人体内这么多的细菌,90%都是有益的好菌,9%是中间派,0.9%有时才是坏的。中间派是

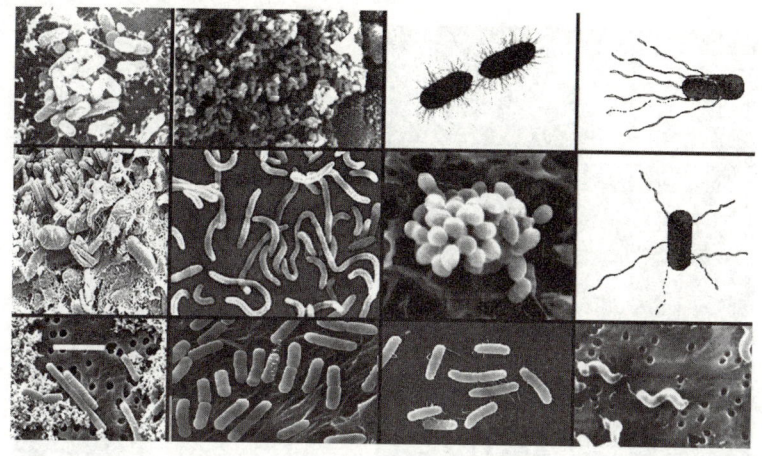

图1-3 消化道中各种各样的细菌

"墙头草,随风倒,谁势力大跟谁跑",在人体正常情况下,90%的益生菌占主导、强势地位,结果这9%的中间派就跑过来加入了这90%的"革命阵营",这样占99%的菌群就成为占有绝对统治地位的"优势菌群",剩余0.9%的坏家伙们就难翻起大浪,我们就可以"高枕无忧""拒疾病于千里之外"了。(图1-4、图1-5)这便是微生态学的"三九理论"。

我们所说的人体内的"好菌",通常是指它们在正常的繁殖代谢过程中,能够给我们提供乳酸、醋酸、丁酸等短链脂肪酸,以及细菌素、B族维生素、维生素K、消化酶、氨基酸、免疫因子等营养物质,抑制有害菌的生长,促进机体食物的消化,帮助钙、磷、铁等矿物质的吸收利用,加速肠道有毒、有害物质的代谢、排泄,稳定血压、血脂、血氨,增强机体免疫,等等。比如,我们人体

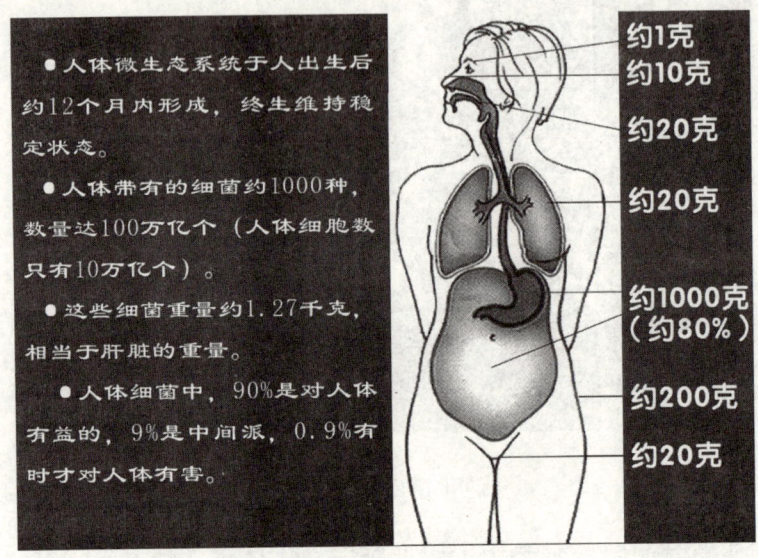

图 1-4 人体微生态系统分布

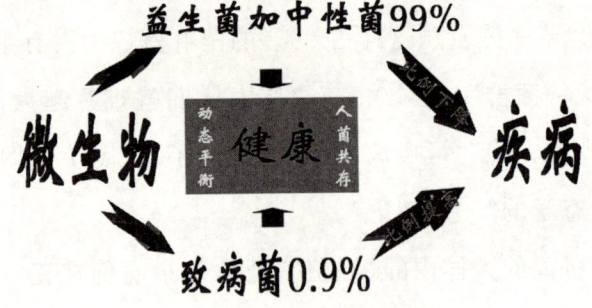

图 1-5 细菌与疾病

需要的 30% 以上的 B 族维生素和绝大部分的维生素 K，是由体内细菌合成的。尤其当外界一些致病菌通过口腔进入体内，到达胃肠以后，遇到的第一个防御兵团就是早已在不同岗位严阵以待的亿万个"御林菌",它们会毫不客气地将这些入侵者困于"人民战争"的汪洋大海之中,或聚而歼之,或逐出境外,以保"天下太平"。(图 1-6)

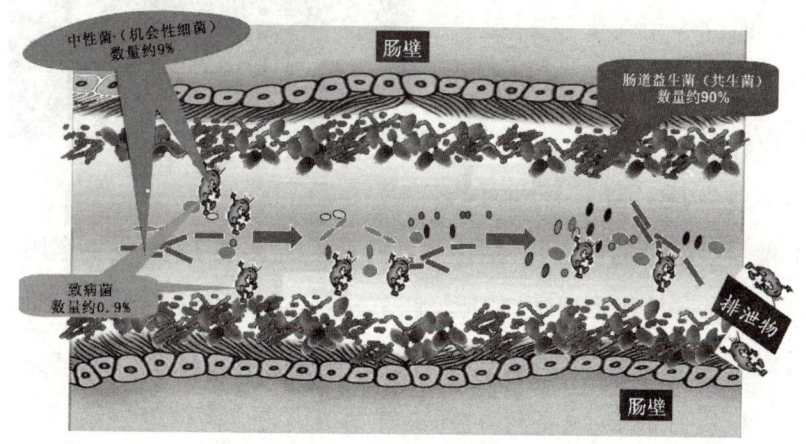

图 1-6　优势菌群对致病性细菌的竞争性排斥与控制

大哲学家黑格尔曾经说过,存在的就是合理的。即使占总数约0.9%的所谓的有害菌或致病菌,也不是绝对有害的。它们与大部分有益菌相互拮抗,相互竞争,相互抑制过度生长,从而形成一个和谐的生态系统。它们的存在是一种必然,这和人类社会有好人必有坏人一个道理。

至于这些细菌到底有益还是有害,我们还要具体情况具体分析,要对它们进行定性、定量、定位、定主分析,即微生态学的"四定法则"。

首先是对细菌进行定性分析,比如它们是哪一类菌,是什么菌。像双歧杆菌(图 1-7),就是我们体内益处最大的一类菌。世界微生态学会主席、东京大学教授光冈知足指出,双歧杆菌是人体内的"第一好菌",从认识到研究应用几十年来,还几乎未发现其对宿主造成过什么伤害。我国微生态学奠基人康白教授对双歧杆菌进行

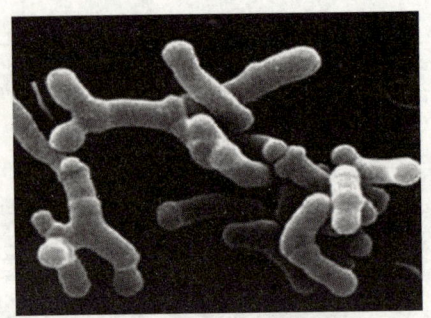

图1-7 双歧杆菌

了半个多世纪的研究,总结出双歧杆菌对人体的10大益生作用:(1)对肠道功能紊乱具有双向调节作用,既可以防治腹泻,又可以减少便秘;(2)可增强机体的非特异和特异性免疫反应,提高机体抵抗力;(3)具备营养作用,在肠道内合成多种维生素、氨基酸、消化酶和免疫因子,可分泌醋酸、乳酸、丁酸等短链脂肪酸,促进钙、磷、铁离子的吸收;(4)可降低低密度胆固醇,防治心血管疾病;(5)防治由抗生素滥用而引起的伪膜性肠炎(二重感染);(6)抗肿瘤,抗辐射,升高白细胞;(7)排毒养颜,保护肝脏;(8)改善乳糖不耐症,帮助消化;(9)抗过敏;(10)加快清除自由基,抗衰老,延年益寿。

其次是对细菌进行定量分析。人的胃的内容物中每毫升含有100~1000个乳酸杆菌(图1-8)、酵母菌和少量

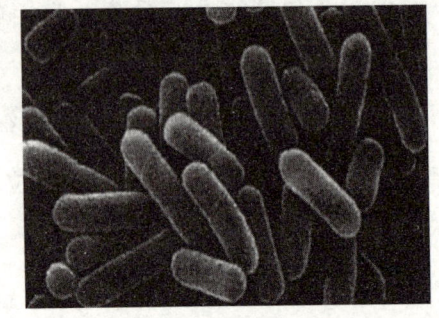

图1-8 乳酸杆菌

的幽门螺旋杆菌等；小肠(包括十二指肠、空肠和回肠)中每克内容物含有数 10 亿个不同种类的菌群，其上、中、下段菌群多寡分布顺序依次为肠球菌、乳酸杆菌和拟杆菌等；在大肠(结肠)中，除了大肠埃希氏菌和乳酸杆菌以外，还有拟杆菌和双歧杆菌等。(图 1-9)

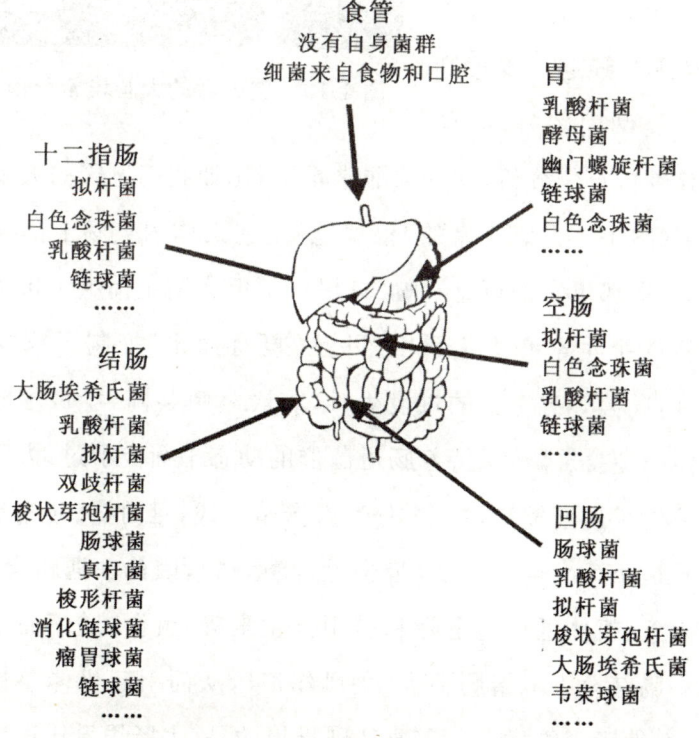

图 1-9　成人微生物群：复杂的群体

再次是对细菌进行定位分析。我们知道任何事物都有一个"由量变到质变"的过程，在人体内如果仅有几个好菌是没有什么用处的,同样的,如果仅有几个坏菌存在,也无妨大局。无论好菌、坏菌,如果想"有所作为",就必须形成系统内的"优势菌群",即数量上的优势,否则好坏无从谈起。要想判断某一类细菌的好坏,就

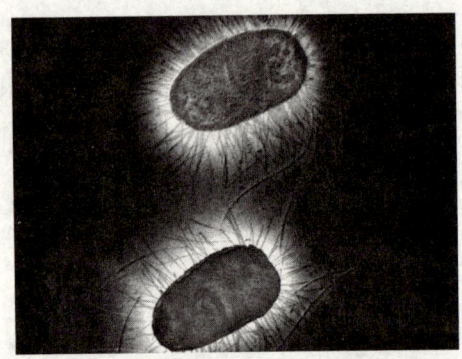

图 1-10　放大后的大肠埃希氏菌

要对其进行定位分析,这一点非常重要,比如我们讨厌的大肠埃希氏菌(图 1-10),它正常的"根据地"是在人体内大肠上部和回肠末端,在那里它们可是一群"良民",不但为宿主提供了机体需要的 B 族维生素和维生素 K,并且"挺身而出"抑制了痢疾杆菌、沙门氏菌等有害菌的过度生长,与厌氧菌共同生活,形成保护机体的免疫屏障,保持着肠道菌群的动态平衡。不过,大肠埃希氏菌生长速度较快,每 12 分钟就繁殖一代,且耐热(60℃水温中不易被杀死)、生性活跃(带鞭毛,能运动),因此一遇机会(如应激因素、机体抵抗力下降和滥用抗生素等)就会"逆流而上",跑到小肠甚至十二指肠中去"兴风作浪",从而引起机体急性腹泻、出血性肠炎等病症。需要特别指出的是,大肠埃希氏菌带有一种特殊的 R 因子质粒,这种质粒具有对外界不良因素(包括药物)极强的适应能力,并且可以将这种能力代代相传,很容易发展成为"耐药细菌"或"超级细菌"。一旦如此,一般抗生素对

第一章　人体健康与细菌

它将无可奈何，因此被这种细菌感染将会对人类的生命健康造成极大威胁。这方面内容，我们将会在下文继续探讨。

大肠埃希氏菌如果继续"流窜"上行，或者通过空气跑到我们的呼吸系统、肝脏、脾脏和血液中，就会造成严重感染，甚至危及生命。大肠埃希氏菌不"安分守己"，越出自己的疆界，造成许多疾病的做法，被医生们称为"易位性感染"。

最后，还要对细菌的好坏进行定主分析，即什么细菌对应什么样的宿主。若干万年来，随着高等动物尤其哺乳动物肠道的进化，肠道、黏膜、皮肤表面等处的细菌经过反复适应与更替，其种类、数量和部位已基本按一定比例稳定下来，我们称之为"定植"的"常驻菌"。人体的肠黏膜屏障，主要由免疫屏障、机械屏障、化学屏障和生物屏障四部分组成，这些功能分别具有相应的结构基础，共同构成了防止肠道内有害物质和病原体侵入人体内环境的防御机制。其中的生物屏障是人体最大的细菌库。需氧菌和兼性厌氧菌游离于肠腔内，形成腔菌群。而厌氧菌则贴附于肠黏膜上皮，并被糖衣包被，形成膜菌群。膜菌群竞争性抑制致病菌附着或定植于肠上皮，各菌群间保持着稳定的比例，构成了相互作用、相互依赖的微生态系统，平衡状态下维护和保持着人体健康。（图1-11）这些细菌与自己的宿主和平共处，互利互惠，共同享受"太平盛世"。但是，不同宿主的细菌如果更换了宿主，要么无法重新定植，要么没有拮抗对手，到处肆意疯长，后果将十分严重。

2003年震惊国内外的"非典",如今回忆起来还让人有些后怕,后经钟南山院士证实,非典的病原体,原来是广东果子狸动物身上携带的一种冠状病毒,因爱吃野生动物的当地人在食用前没有将其煮熟、煮透,这种在果子狸身上原本不发病的冠状病毒,伴随着宿主的改变,进入人体后,便如入"无人之境",大量繁殖,并迅速在人群中传播开来。由于它主要侵犯人的呼吸系统,造成咳嗽、胸闷、发烧、肺部感染、急性呼吸衰竭等类似肺炎的非典型性症状,因此简称"非典"。这场灾难,半年内即流行到大半个中国及周边国家,上亿人被封闭隔离,虽然抢救措施及时到位,死亡人数较少,但是给国民经济造成了很大的损失。这是细菌"易主感染"比较典型的一个例子。

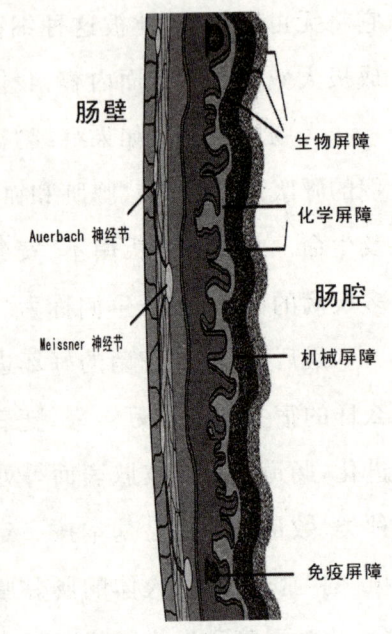

图 1-11 肠黏膜屏障

需要指出的是,我们说细菌的好与坏,仅是从人的主观意识判断的,作为客观世界存在的主体,无论好菌还是坏菌,均不会以人的意志为转移,它们"不为尧存,不为桀亡",将永远处于一种互相制约、互相竞争甚至互相促进的动态平衡发展状态。

第一章　人体健康与细菌

如前所述,数量为我们人体自身细胞10倍的细菌,在人体的消化、吸收、营养、免疫等方面起着重要的生理作用,它们与宿主之间构成了动态平衡的生态关系,并进行着物质、能量、信息的"三流运转"。正常情况下,好菌、坏菌、厌氧菌、需氧菌等,在一定范围内保持动态平衡,即"生理波动",宿主与"菌群们"则相安无事,和谐发展。但当"战争爆发",尤其抗生素大战开始的时候,"菌态王国"的和平局面就毁于一旦,原先占优势地位的厌氧好菌几乎被消灭殆尽,而长时间处于下风的少数派如绿脓杆菌、魏氏杆菌、大肠埃希氏菌等,因变异较快,耐受性强,往往幸免于难,则迅速成了多数派,到处攻城略地,杀"菌"放"毒",危害一方。

当我们认识到细菌"定主"的重要性后,应该从中吸取教训,从维护人居生态大环境的安全高度出发,对人类自身活动进行反思并加以规范自律,不要再处处以无所不能的"地球霸主"面孔出现,不要再滥捕、滥杀、滥食野生动物,致使诱发原宿主携带的细菌因易主而发生突变,并在人群中大传播、大流行,从而招致"自然之神"的惩罚。

三、古老的中医理论与现代微生态学理论殊途同归

形成于2000多年前的中医理论,以整体观、对立统一规律对疾病进行辨证施治;而从现代西医派生出

来的微生态医学,则从地球宏观生态和人体微观生态视角出发,讲究生态平衡,以有益的优势菌群治理机体"失调",最终靠机体自然恢复。在认识论和方法论上,两种医学达到了惊人的一致,可谓"不谋而合",异曲同工。

中医居中国的四大国粹之首,中医药学是祖国的文化宝库,博大精深,奥秘无穷,几千年来为中华民族的繁衍生息起到了重要的保障作用。中医把人当作一个整体来对待,系统阐述人体的脏腑经络、解剖生理、病理病因等,并在漫长的历史时期里逐渐形成了一套完整而独特的理论体系。如由古代先贤集体撰写的《黄帝内经》,不仅涉及医学,而且包罗天文学、地理学、哲学、人类学、社会学、军事学、数学、生态学等领域内人类所取得的各项科学成就。其中记载的深奥而精辟的理论,虽然早在2000年前,却揭示了许多现代科学正试图证实或将要证实的成就。《黄帝内经》包括《素问》和《灵枢》两部,各9卷81篇,分别从阴阳五行、天人相应、五运六气、脏腑经络、病机、诊法、治则、针灸等方面,结合当时哲学和自然科学成就,做出了比较系统的理论概括。迄今在诊治学上仍具有指导意义和参考价值,不仅是医家诊治疾病的医典,还以对立统一等规律,给了人们一种较全面的认识论和方法论。近年来,随着现代预防医学分支——微生态学的迅猛发展,两者在认识观念和理论实践上竟不谋而合、殊途

同归。

(一) 中医学的整体观与微生态学的生物与内外环境统一论

人们常说,西医治的是"人得的病",中医治的是"得病的人"。整体观是中医学的核心观点,中医学一开始就引入"天、地、人合一"的思想,确立了"人与天、地相参"的指导思想并用这种思想来研究和认识人体的结构、功能和病理的发生、发展与防治,认为人体是一个有机的整体,自然界的变化可以影响人体机能的改变。传统的中医体系实质上是古老的生态医学体系。

生物与环境的统一则是现代医学中微生态学的基本观点,微生态学认为人体不仅是一个有机的整体,而且是地球生态系统的重要成员,在地球生物链中起着至关重要的作用;人体不仅与自然、社会的外环境息息相关,更有赖于人体内环境的和谐统一,两者兼得,方能健康发育成长。

(二) 中医的阴阳学说与微生态学的平衡与失衡论

阴阳学说是中医学的重要组成部分,是对立统一的辨证法则。中医学认为阴阳是构成人体的生态因子,机体内阴阳双方相互促进,相互制约,并在调节机体新陈代谢、免疫拮抗等功能活动中保持着相对的动态平衡,维护着机体健康,即"阴平阳秘"。任何事物均可以用阴阳来划分,凡是运动着的、外向的、上升的、温热的、明亮的都属于阳;相对静止的、内守的、下降的、寒冷的、晦暗的都属于阴。中医把对人体具有推进、温煦、兴奋等作用的物质和功能统归于阳,把对人体具有凝聚、滋润、抑制等作用的物质和功能统归于阴,阴阳是相互关联的一种事物或是一个事物的两个方面。

阴阳学说认为,自然界任何事物或现象都包含着既相互对立,又相互作用的阴阳两个方面。阴阳是对相关事物或现象相对属性或同一事物内部对立双方属性的概括。阴阳学说还认为,阴阳之间的对立制约、相互作用,并不是处于静止不变的状态,而是始终处于不断的运动变化之中。"阴阳者,有名而无形"①,"一阴一阳之谓道"②,"阴阳者,天地之道也,万物之纲纪,变化之父母,生杀之本始,神明之府也"③。"道"即道理、规律。(图1-12)

图1-12 包罗万象的阴阳图

微生态平衡与失调理论是微生态学的核心。微生态学认为,机体内的微生态系统是正常微生物群与宿主和环境相互依赖、相互作用的统一有机体,其所具有的不同层次、不同环节的立体交叉网络结构,是由物质、能量、基因、信息流动构成的动态平衡。所谓微生态平衡理论,就是生物体在长期的历史进化过

---

① 《黄帝内经·灵枢·阴阳系日月》。
② 《易传·系辞上》。
③ 《素问·阴阳应象大论》。

程中形成的、正常微生物群与其宿主在不同发育阶段形成的动态的生理组合,这个生理组合便是宿主健康的基础。

如图 1-13 所示,人体微生态平衡则健康,不平衡(失调)则出现病态。微生态失调一般是指肠道菌群破坏而出现紊乱。实

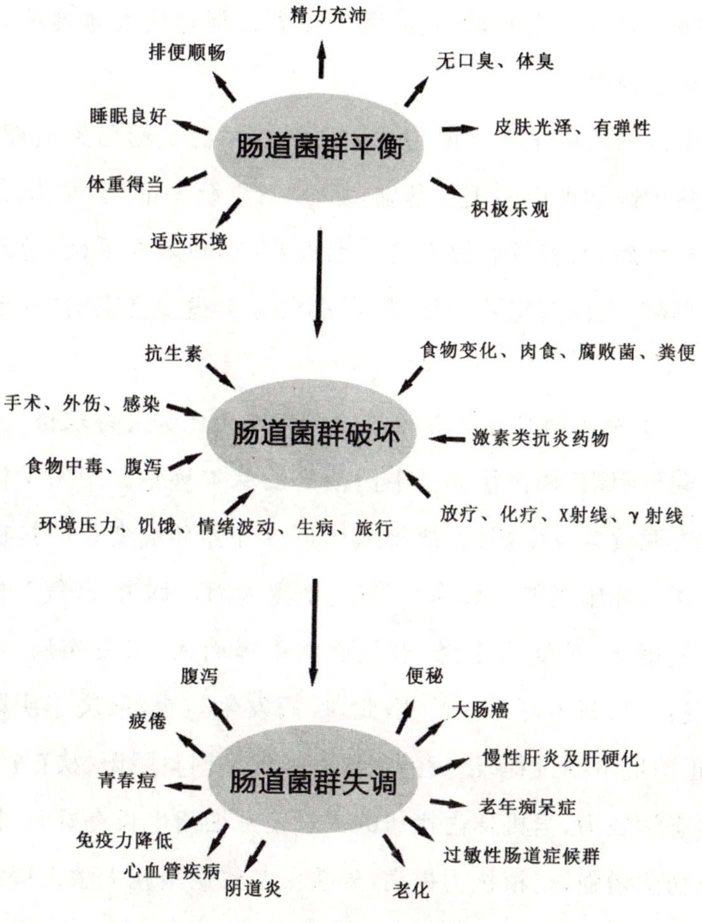

图 1-13 人体微生态平衡与失调

际上,人体微生态平衡不单单局限于肠道,在人的皮肤、口腔、呼吸道等也都有微生态环境,任何一个地方的微生态失调都将影响整个机体的健康。导致人体微生态失调的原因有许多,这些原因造成的影响有些可能是一个累积的过程,一般不会立即致人患病。可以确定的是,人体微生态失调是导致人体种种亚健康的重要原因。

中医的阴阳平衡学说与微生态学的菌群平衡与失衡理论,都是两种医学理论的重要基础,都是"对立统一论"学说,既科学又富有哲理,两者具有惊人的一致性:万物阴阳要平衡,地球生态要平衡,人体菌态要平衡,两者都致力于建设真正的"和谐社会"。

(三)中医的扶正祛邪理论与微生态的优势菌群理论

调整阴阳、扶正祛邪是中医治病的基本理论。中医学认为阴阳失调就会发生疾病,故把人体适应外界环境变化的抗御疾病的能力和康复能力称为"正气",把致病因素称为"邪气",机体若正气虚弱,抗病力下降,邪气必然乘虚而入,引发疾病,然而"正气存内,邪不可干"[1]。因此,疾病发生与否,取决于阴阳平衡、正邪抗争的过程,治病的主导思想就是调整阴阳、扶正祛邪。微生态学认为,当机体内栖居的大量正常细菌生长良好时,机体免疫功能增强,定植抗力提高,外袭菌及致病菌就无法入侵和定

---

[1] 《黄帝内经·素问·刺法论》。

植,人体也就不会因感染而致病。相反,如果人体由于某种原因破坏了正常菌群之间的生态平衡,造成菌群失调,机体免疫功能和定植抗力下降,便给予了外袭菌和致病菌可乘之机,对人体健康造成威胁。因此,机体致病与否取决于微生态平衡与失调的转换是否顺利。据此,治疗方案不再是简单的杀菌与抑菌,而是要把体内原有的"优势菌群"扶植起来,使其充分发挥生物拮抗作用,将外袭菌和致病菌驱除,便可"万事大吉",正如太极"借力打力、四两拨千斤"之奥妙。许多微生态制剂的成功运用亦证明了这一点。

(四)中医的"治未病"与微生态学的预防保健理论

中医治病非常重视疾病的前期调理。《黄帝内经》曰"上工治未病,不治已病"[1],意思是高明的医生是在未病之前采取预防措施,而不是等病人患了病再去治。下面回顾一下扁鹊与齐桓公的故事:扁鹊觐见齐桓公,站着看了一会儿,说道:"您的皮肤纹理间有点小病,不医治恐怕要加重。"齐桓公说:"我没有病啊。"扁鹊离开后,齐桓公对左右的人说:"医生喜欢给没病的人治病,以此作为自己的功劳。"过了5天,扁鹊又觐见,他对齐桓公说:"您的病已到了肌肉里,再不医治,会更加严重的。"齐桓公不理睬,扁鹊只好走了,齐桓公很不高兴。过了5天,扁鹊又觐见,他对齐桓公说:"您的病已到了肠胃,再不医治,会更加严重

---

[1] 《黄帝内经·灵枢·逆顺》。

的。"齐桓公还是不理睬。扁鹊只好又走了,齐桓公又很不高兴。又过了5天,扁鹊再觐见时,远远看了齐桓公一眼,转身就跑。齐桓公特意派人去问他:"你为什么要跑啊?"扁鹊说:"皮肤纹理间的病,用热水焐,用药热敷,可以治好;肌肉里的病,可以用针灸治好;肠胃的病,可以用药酒治好;骨髓里的病,那是老天的事情了,医生是没有办法的。齐桓公的病现在已到了骨髓,因此我就不再请求给他治病了。"果然过了几天,齐桓公全身疼痛,派人去寻找扁鹊,扁鹊已经逃去了。齐桓公不久就死了。这个故事告诉我们,疾病的早期预防与治疗极其重要,等到最后"病入膏肓"则悔之晚矣。

现代微生态学从生态大环境出发,以生态平衡与失调理论、生态治疗理论为基础,对疾病的态度是"防患于未然,平衡是目的",即"预防为主"。其微生态药品都是以恢复菌群平衡为目的的微生态调节剂(单联或多联活菌制剂),不主张抑菌、杀菌,重在调理、平衡,以达到"有病治病、无病防病、未病保健"的目的。微生态产品的确切效果,也证明了微生态理论的正确性。

较为神奇的是,许多中药制剂在体外试验时,既不抑菌也不杀菌,而服用后,却有奇特的解热消炎效果,如四君子汤、六味地黄丸、归脾散等。过去许多专家解释不清,现在基本弄明白了,这些中药进入机体后虽然没有直接抑杀病原体,但间接地扶植了肠道有益菌群的生长,刺激并提高了机体的抵抗力,最终将病原体清除,疾病自然痊愈。20世纪80年代,我国微生态学奠基人之一、中国科学院原学部委员魏曦教授就曾预言,微生态学很可能成为打开中医奥秘大门的一把金钥匙。总之,古老的中医与现代微生态学虽方法迥异,但殊途同归。

四、人菌大战与医学观念的革命

近代发展起来的西方医学,往往从病理学角度出发,把细菌看作是造成人体感染的主要因素,错误地认为使用广谱的、大量的抗生素把细菌杀得越彻底、越干净越好。然而,细菌的特性决定了它们是赶不尽、杀不绝的。

(一)人菌大战,最后胜者是谁

由于抗生素的滥用,耐药菌株迅速增加,近年来世界上许多地方出现的"超级细菌"已严重威胁到人类自身的安全,且这一趋势正在日益加剧。扪心自问,这个结果是谁造成的,"物竞天择,适者生存",我们能怪罪细菌么?

据美国食品药品监督管理局估算,一个全新的抗生素品种从立项、开发到正式投产,平均需要7~9年的时间,总投入约5亿~10亿美元。而细菌每12~30分钟就繁殖一代,不出两年就会对一种全新的抗生素产生耐药性。这就像马拉松赛跑,两者速度、实力悬殊,最后胜者是谁,答案不言自明。自作聪明的人类如今犯了一个不可饶恕的错误,陷入自掘的陷阱之中,在人菌这场大战中可以说一败涂地,今天已到了警醒和改弦更张的时候了。

痛定思痛,我们应该做出深刻的检讨和反省,重新审视并定位研究细菌的思路和方法,与这群小精灵平等相待,和谐相处,纠正自己以往的恶劣做法,从医学观念上来一场彻底的革命。

事实上,在我们眼中"十恶不赦"的细菌,是地球村最古老、分布最广、物种最多、与人类平等的一个庞大的生物群。毫不夸张地说,地球上可以没有人类,但绝不会没有细菌。

细菌的特性决定了它们是赶不尽、杀不绝的。把细菌赶尽杀绝只是一部分人的痴心妄想。况且,人体内、自然界的大多数细菌都是有益的,世界上甚至没有绝对意义上的有害细菌。我们之所以认为细菌是有益或是有害,是受传统医学理论"科赫法则"的影响,即单一病因论——一种病原体导致一种疾病。如痢疾杆菌引起痢疾,流感病毒引起流感,大肠埃希氏菌引起肠炎等。而在现代微生态学看来,这种对疾病的认识是孤立的、片面的,因为它只从单纯的定性观点而非从定量、定主的观点来看待问题,忽视了细菌与细菌、细菌与宿主间密切的生态学关系。

在微生态学里,细菌没有绝对的好与坏之分,没有病原菌与非病原菌的概念,只有平衡与失调之说。所有的细菌种群,之所以引起疾病,皆是因为细菌生物链被打断抑或平衡关系被打破,亦即细菌菌群失调。现实生活中,导致疾病的病原菌在健康人群中几乎都可以分离出来（如大肠埃希氏菌、痢疾杆菌、阿米巴原虫、金黄色葡萄球菌、幽门螺旋杆菌等），然而宿主却"安然无恙"，大部分时间无任何症状。包括那些人体正常携带的病毒，90％以上平时都是不致病的！因此，微生态学认为：**感染是普遍的，发病是偶然的，感染是保持细菌与宿主生态平衡的一种功能，而细菌能否致病，则取决于特定的生态条件。**

（二）关于细菌"感染"的观念

以细菌与宿主反复接触后造成的"感染"概念为例，微生态学观念已与一般观念有了天壤之别。现行国内外教科书或文献中，"感染"的意思是机体和入侵的病原菌相互作用所表现出的病理生理过程。而微生态学根据细菌的来源将感染分为内源性感染、外源性感染和自身感染三类，并指出：**从系统发育到个体发育，感染是普遍的，而发病是偶然的，死亡则是更少见的。由于感染的普遍性和生理性，宿主被感染后才能获得免疫力。**由此可见，积极主动扩大生理性免疫才能避免病理性感染。过去一直认为是不讲卫生的谚语——"不干不净，吃了没病"，今天看来也许有一定的科学道理。

（三）人体内细菌究竟是"自己"还是"异己"

传统西医从病理学研究角度出发，认为人体内细菌是"有害"的身外之物，进而研究细菌感染的发生、防治以及消灭方法。直到今天，大学里传授的医学微生物学、兽医微生物学、植物微生物学等无不都是病原微生物学。而现代微生态学则从细菌的生理性研究角度出发,尤其借助细胞学、分子生物学、遗传工程学等研究工具,揭示并发现有223种细菌的基因通过水平转移而整合到人类基因组中。微生态学家还从细菌对人体的免疫调节,影响脂肪代谢、糖代谢、蛋白质代谢、维生素代谢、无机盐代谢等方面证明了细菌对人类重要的生理作用。2001年7月,在日本召开的"21世纪国际肠内细菌学"会议上,专家们一致认为,21世纪应该把以下两点放在重要位置:(1)正常菌群是自然界中的人(或高等动物)生存必需的一个器官;(2)人(或高等动物)是动物真核细胞和细菌原核细胞构成的综合体。这意味着,我们要把自身携带的1.27千克的细菌,当作"自己人",当作像呼吸、消化系统一样重要的人体"第十三个系统"善待,而不是像现在这样肆意自虐、残杀。我们过去所说的"人体",实质上是人和细菌的"复合体"。

正如康白教授指出的那样:"一个观念的转变必然带来一个时代的到来。具体说就是对微生态系统的研究,必然会发生从疾病向健康、从'非己'到'自己'、从病理学到生理学和从治疗医学到保健医学的重大转变。"[1]

(四)胃内的幽门螺旋杆菌一定要赶尽杀绝吗

当今世界上恐怕没有任何一种细菌能像幽门螺旋杆菌一样

---

[1] 康白、李华军:《微生态学现代理论与应用:康白教授的微生态观》,上海科学技术出版社2013年版,第85页。

感染这么多人了，在全世界约60％即40多亿人身上都可以找到它的踪迹。据统计，我国13亿人中，根据不同的地域，感染率在50％～90％，这也意味着全国有约7亿～12亿人都是这种细菌的携带者。自1982年澳大利亚学者巴里·马歇尔和罗宾·沃伦发现并培养出这种弯曲的杆菌（两人因此在2005年获得了诺贝尔生理学或医学奖）后，医生们便在竭尽所能地寻找杀死它的办法，并达成了用多种抗生素将其消灭的种种所谓的"共识"。比如今天临床医生最为推崇的主流治疗方案"含质子泵抑制剂三联疗法"，即抑制胃酸分泌的拉唑类药物加阿莫西林、克拉霉素、甲硝唑治疗方案。由于胃炎、胃溃疡病程较长，这样多种抗生素要病人数月服用，除造成恶心、呕吐、饮食不振、肝肾损害、肠道菌群失调、免疫力下降外，所谓的病原菌——幽门螺旋杆菌的根除率不超过80％，且复发率极高，这让临床消化科的医生困惑不解。而微生态学家则认为，幽门螺旋杆菌是人体内的原籍菌，甚至可以作为人类部族迁徙的证据加以研究，已同人类共存共荣若干万年甚至更长，不必要、也不应该、更不可能将它赶尽杀绝。正是因为人类自身的消化系统诸多因素平衡受到了破坏，如生活方式的改变、生活压力加大、生态环境恶化、精神长期紧张等因素，造成了胃酸分泌过多、消化能力下降、食欲长期不振等，也许这才是造成现代人胃炎、胃溃疡、胃癌、心血管系统等疾病高发的根本原因。而"常住户"——幽门螺旋杆菌，只不过是推波助澜、借题发挥罢了，我们只强调杀死幽门螺旋杆菌，不去平衡系统因素,岂不是舍本逐末、缘木求鱼吗?更有意思的是,美国斯坦福大学医学院的研究发现,幽门螺旋杆菌携带者比不携带者食管癌的发病率低80%!并得出一个幽默的结论:幽门螺旋杆菌是一种神秘的微生物,它顽固地存在于机体内,不仅会增加胃溃疡、胃癌和胃部淋巴病的发病危险,同时还会降低食管癌和胃食管反流病的发病危险。

大量临床试验不断证实,各类胃炎、胃溃疡、胃癌患者只要坚持服用含双歧杆菌等的微生态活菌制剂,治愈率比用抗生素对照组高很多,且无任何毒副作用,病人的依从性也很好,医疗费还降下不少。可见现代西医治疗幽门螺旋杆菌传统的、权威的所谓"三联疗法""四联疗法"可以休矣,到彻底转变观念的时候了。

(五)对"卫生"观念是否需要重新审视

近年来出现的"分娩过度卫生综合征"和"剖宫产后遗症",也受到了专家的重视,即由于在高度清洁消毒的条件下分娩或不经产道出生的婴儿,推迟了从自然环境中获取正常微生物的演替过程,一旦暴露于普通环境中,则极易发生严重的感染性疾病,并出现消化不良综合征等。因此,今天我们需要对日常生活中"卫生"这个概念重新审视了,任何东西(包括我们吃的食物和饮用的水)并非越"卫生"越好。前面的故事清楚地告诉我们,小孩子从小有意无意地"吃"一些细菌,不但无害而且有益,农村孩子比城市孩子身体健康这个事实,其实地球人都知道,只是我们平时没有深入去研究、思考这是为什么罢了。

我们知道，胎儿体内是没有细菌的。婴儿一旦出生，体内所有开放性器官——皮肤、眼睛、鼻子、耳道、口腔以及肠道等，都会逐渐有细菌进入并立足、繁殖，直至人生的终结。不过，能够在体内伴随人一生的细菌，都要经过人体持久的筛选，才可获得"永久居住的权利"。（图1-14）

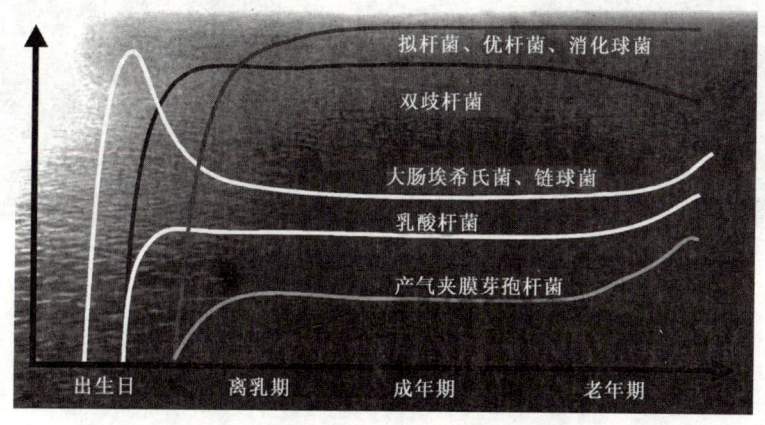

图1-14　肠道微生态系统的生理演替

另外，母乳喂养过程就是一个"有菌喂养"的过程。前面讲到，人体内的开放性器官都有细菌，女性乳房的乳管也不例外。在妈妈生育孩子之前，乳管内已经形成正常的菌群，母乳喂养中，妈妈除了将自身的抗体带给婴儿外，还将乳管内正常的、对人体有益的细菌喂给了婴儿。因此，母乳喂养儿肠道内细菌建立的速度较快，可在体内迅速形成以双歧杆菌、乳酸杆菌为主的优势菌群，这对提高孩子的免疫力，抵抗日后的炎症感染和肿瘤极其重要。经产道出生的婴儿比剖宫产出生的婴儿后天抵抗力强就是这个道理。故有人提出"细菌也是营养素"的观点,发人深省。(图 1-15)

图 1-15　发酵奶与酸奶

传统西医只看到了细菌的致病作用,而没有看到它的生理作用。病理学的观点是寻找病原体,对病原进行分离、培养、鉴定,确定其致病性,进而研究彻底消灭它的方法。而微生态医学的观点则是从宏观生态学观念出发,研究细菌生态平衡的生理作用、生理失调(病理作用)和生态防治方法。显而易见,微生态医学将传统西医学对细菌的认识和方法进行了彻底颠覆,也使我们眼前豁然一亮。

微生态学分为宏观生态学和微观生态学两部分范畴。前者以地球以下、个体以上的外环境为研究对象,后者以个体以下、细胞以上的内环境为研究对象。不管如何划分,两者都是以研究探讨生态平衡与失调、生态防治为目的的,均具有较大的空间背景和广阔的发展前景。

宏观生态学许多人都知道,但微观生态学却鲜为人知。就宏观环境来讲,地球上的空气、土壤和饮用水的洁净或污染对人体健康的影响是显而易见的。但是在微观环境里,包括人体内庞大的微生物群落,却常常不被人们重视。我们知道,生命并不是孤立的,而是与其内外环境构成一个整体的,宏观生态学与微观生态学只是对不同层次生态规律研究的分工,两者相互影响,相互依赖,相互转化,都是同样重要的。

美国生态学家雷切尔·卡森早在20世纪60年代就说过,在我们身体内部也有一个生态世界。当今环境保护,已引起各国政府和国民的重视,是个热门话题。只是人类除了保护宏观生态环境外,还要保护好自己体内的微观生态环境。从这个意义上讲,不滥用抗生素也是保护环境。只有内外环境保护趋于统一,我们才不至于遭受自然之神的惩罚,才能真正健康长寿。

慈悲为怀、不杀生的佛,在三千多年前就说过,佛观一钵水,四万八千虫。这是不是隐喻了今天发现的许许多多的细菌呢?值得我们认真研究。

五、细菌宏基因组学的建立将破解人类健康密码

宏基因组学的研究表明,人体的基因与体内细菌的基因有高度一致性。正是这些共生在人体内、肉眼看不见的"小不点儿"们，对人们的免疫、营养和代谢等起着至关重要的作用。人体共生细菌的组成可以真实而准确地反映人体的健康状况。

20世纪90年代，科学界启动了一件惊动世界的大事——人类基因组计划。美国、英国、德国、法国、日本和中国科学家共同参与其中，这一计划预算达30亿美元。按照这个计划的设想，在2005年，要把人体内约10万个基因的密码全部解开，同时绘制出人类基因谱图。换句话说，就是要揭开组成人体4万个基因的30亿个碱基对的秘密。人类基因组计划与曼哈顿原子弹计划、阿波罗计划并称为三大科学计划。迄今为止，由于这一计划的顺利推进，人类对生命的本质及其相关因素有了更清晰的了解，从而激发了科学界对与人息息相关的微生物环境基因组学（又称宏基因组学、元基因组学）研究的兴趣。

然而，目前对在健康和疾病情况下这些细菌对宿主的相互作用还知之甚少。国际学术界把多种微生物聚居在一起形成的系统叫作微生物群落，也称菌群；把人体内所有微生物菌群基因组的总和称为人体宏基因组或微生物组。人体宏基因组学是研究人体宏基因组结构和功能、相互之间关系、作用规律以及与疾病关系的学科。宏基因组学是一种整体性研究策略，是一种不依赖于人工培养的微生物基因组分析技术，其策略是从特定环境中直接分离所有微生物 DNA，然后将大片段 DNA 克隆到受体菌中表达，再根据某些生物活性筛选有价值的克隆片段。

2007 年 3 月，美国国家科学院以《环境基因组学新科学——揭示微生物世界的奥秘》为题，发表咨询报告，指出宏基因组学为探索微生物世界的奥秘提供新的方法，这是继发明显微镜以来研究细菌方法的最重要的进展之一，将是对细菌世界认识的革命性突破。

我们已经知道，人体内带有上百万亿个细菌，正常情况下，它们的重量虽然只占人体的 1‰～2‰，但数量却是人体细胞数的 10 倍。宏基因组学的研究表明，人体的基因与体内细菌的基因具有高度的一致性，从某种意义上说，一个完整、健康的成年人应该是多种物种组成的复合体。正是这些共生在人体内、肉眼看不见的"小不点儿"们，对人体的免疫、营养和代谢等起着至关重要的作用。人体的健康状况一旦发生变化，体内共生细菌的组成就会发生变化；反之，体内细菌组成的变化，也会导致人体健康状况的改变。人体共生细菌的组成可以真实而准确地反映人体的健康状况。例如，美国科学家通过对建立肠道菌群宏基因组的研究发现，肠道菌群结构的改变与失衡除会导致肠道疾病外，还与很多慢性、全身性代谢疾病有关，如肥胖、糖尿病等，甚至与癌症的发生也密切相关。

人类基因组和肠道细菌基因组学研究已经显示了有力的证据，人类基因组与细菌基因组在基因池中表现出一定的同源性，深入研究将揭示宿主与肠道细菌如何在长期进化中有机结合在一起,形成现在互惠共生的复合生物体。科学家们通过对人体宏基因组学的深入研究,必将在一些医学领域取得突破性进展,如新感染性疾病的发现(不明原因的长期发烧)、非感染性肠道疾病(如肠易激综合征等)、某些癌症的诱因、肠道细菌多样性与某些疾病的关系、不可培养细菌耐药机制分析及其传播作用、众多有价值细菌的开发利用,等等。

例如,糖尿病过去仅仅被认为是糖代谢异常,现在研究却发现,菌群失调可能是造成糖尿病发生的一个影响因素。科学研究小组发现,糖尿病模型动物肠道中的一些特定菌的数量有所变化——两种乳酸杆菌数量明显下降。国外也有研究报道,补充乳酸杆菌制剂能缓解模型动物的糖尿病症状。这"一减一加"的事实说明,肠道内某些种类的乳酸杆菌可能参与了糖尿病的发生、发展过程。菌群的变化不仅是糖尿病的后果,也可能是糖尿病的诱因。此外,尽管肥胖受一定遗传因素的影响,但环境因素也会对其产生重要作用,而菌群变化就是其中因素之一,即饮食结构改变产生的菌群结构异常导致了肥胖。近年来,美国有学者在肥胖与菌群关系的一系列研究上取得了突破性进展,发现遗传性肥胖小鼠和瘦型小鼠肠道菌群的组成有明显差异,且肥胖类型可以随菌群在不同个体间发生转移,而对人体的研究也获得了相似的结果。更令人兴奋的发现是,肠道菌群可以直接调节宿主脂肪存储组织的基因表达活性,使宿主增加脂肪的积累。这些研究有力地支撑了肠道菌群在人类这样的"超级生物体"生理代谢中的地位。这从另一个角度证明,肥胖是人体的基因和细菌基因共同作用的结果,甚至在某种程度上,后者的作用可能更大。

如前所述,我们已经知道细菌与地球生态环境密切相关,但仍有99%的细菌因为不能培养而无法为人了解。有数据表明,它们蕴含着巨大的应用潜能——其代谢产物中可能有众多具有应用开发价值的化合物。而宏基因组学的研究使这一切成为可能,在短短几年内,这一研究已渗透到人体医学、农业、林业、土壤、海洋、药物开发等众多领域,并在替代能源、环境修复、生物技术、生物防御、哲学伦理等方面显示出重要价值。当然,研究宏基因组学,不仅仅是一个基因测序的问题,因为这不仅涉及微生物学,还涉及生物生化学、动物生理学、生物信息学、计算机学等庞大学科的联合攻关,是全世界一场名副其实的高难度的"科学集体舞"。

第二章
动物（养殖业）与细菌

一、疯狂的养殖业现状

> 我国养殖业如今很"疯狂"，每年要用掉近 10 万吨抗生素，许多肉、蛋、奶、鱼药残超标。2011~2014 年，食品安全问题连续被国务院列为影响我国民生的重大问题之一，食品安全已成为"国民心头之痛"。

河北保定的朱师傅在当地一家规模较大的养鸡场做饲养员已经有 5 年多了。每天，他都会戴着像防毒面具一样的口罩，进入臭气熏天的养鸡场内进行投食和消毒等工作。

朱师傅说，小鸡一般养到三四个月后，就被送到这里，关进一个个狭小的笼子，抬头是送水的胶皮管，低头是流动的饲料槽，它们唯一的活动就是抬头饮水和低头吃饲料，直到病死，或者被淘汰。

为什么鸡会被关进狭小的笼子？因为在它们短暂的一生中，食用的都是添加了多种激素和抗生素的饲料，而在食用激素

第二章 动物(养殖业)与细菌

后,这些鸡往往会很兴奋,甚至会跳得很高。

朱师傅还发现,这里的鸡和散养的鸡有点不同,比如:这里的鸡下蛋以后不会"咯咯嗒"地叫上半天,而是一声不吭;它们下蛋要多一些,一只鸡每天差不多都会下一个蛋,有时甚至会下两个;这些鸡需要打七八种疫苗。

这里的鸡养殖一年多后,产蛋量会减少或者停止,于是,它们就会被淘汰掉,送到肉鸡市场出售。但在转运时需要特别小心,由于长时间不见阳光和缺少运动,它们的骨骼很脆弱,很容易就会被摔断腿,或者摔死。

朱师傅当饲养员的这5年多里,已经患上了"职业病",再也吃不得鸡蛋,一闻到鸡蛋味儿就会呕吐,哪怕是自家散养的。

蛋鸡且如此,然而,肉鸡的命运看起来却更悲惨,同样狭小的环境,它们的生存周期只有四五十天,当从小鸡迅速长成可以上市的肉鸡时,它们的命运也就结束了。因为集约化养殖,为了避免拥挤和不卫生的养殖环境导致的疾病暴发和传播,要在这些鸡的饲料中加入更多的抗生素。

"一些抗生素现在已经被鸡当成饭来吃。"中国社会科学院中医药事业国情调研组执行副组长张南说。这种源于西方的现代养殖技术被引进中国后已被众多养殖场复制。而用抗生素饲喂的现象并非只在养鸡场存在,猪、奶牛甚至是鱼、虾等,都面临着与鸡同样的命运。美国国会技术评价办公室曾尖锐指出:"当前的养殖业集中在高产量、高密度、令人窒息的养殖环境中。某种程度上,定期使用抗生素使得这种养殖模式得以维持。"解放军总医院营养科教授赵霖介绍说,这种模式被称为现代"疯狂畜牧业",其进行生产的两大技术就是:为了快速育出体积大的猪、禽,就要饲喂动物蛋白质(即肉骨粉饲料);而为了防止猪、禽生病,就要饲喂(注射)抗生素。

北京康华远景科技有限公司畜牧专家肖传明谈起国内养殖业,不时发出"心寒"的感叹。他在全国各地的养殖场考察,抗生素滥用的情况使其感到触目惊心。近年来,他还发现:原来需要50天出笼的肉鸡,现在缩短到了40天以下。"尽管每天有大量的抗生素饲喂,有些鸡养到40天的时候还是会突然大量死亡,而且很难控制,所以养殖户只好在37天的时候提前把鸡给卖了,因为养不活。"肖传明透露,如果想让鸡在短时间内出栏,势必又需要更多的生长激素。

在肖传明看来,国内养殖场正在进入恶性循环:低成本导致养殖环境差(特别是高密度饲养)、饲料原料品质低劣→动物容易得病→需要使用大量的抗生素→抗生素会影响鸡的消化系统,导致菌群紊乱和免疫力低下→导致药物及激素的大量使用。在这样的循环中,抗生素和激素的使用剂量在不断加大。

中国社会科学院农村发展研究所尹晓青副研究员在山东、辽宁调查农村禽畜养殖情况后发现:养猪户广泛使用添加了抗生素等药物的饲料,在被调查的养殖者中,有50%在饲料里不同程度地添加了抗生素等药物。

第二章　动物(养殖业)与细菌

以上是金微、白明锋于2010年底实地采访后所撰文章的一部分内容,基本说明了我国养殖业的现状,也由此在社会上掀起了轩然大波。

2012年末,山东"速生鸡"事件被中央电视台曝光,养殖业又一次震惊了全国。这些我们认为不可思议的事情,事实上在业内人士眼中早已是见怪不怪、习以为常了。(图2-1)这种疯狂的养殖业持续下去,究竟会给我们甚至整个民族带来什么后果?不难想象,不堪想象。

图2-1　滥用抗生素使食品成为人体的"隐形炸弹"

二、养殖业滥用抗生素后果严重,令人不寒而栗

多年来,滥用抗生素已造成动物疫情越来越复杂,

难以控制；肉、蛋、奶药残超标，品质下降，出口萎缩；抗生素残留通过牲畜粪便污染土地环境，导致耐药菌大量产生，并向下游产业链传递，危害人类健康。

我国是世界上头号养殖大国，每年生产的猪、鸡、鸭、肉、蛋、奶等均居世界首位。据专家调查，我国每年生产的抗生素超过一半被用于畜牧养殖业。不难理解，养殖行业大量滥用的这些抗生素会通过肉、蛋、奶等最终在人体内蓄积。这种现象造成的直接恶果如下：(1) 肉、蛋、奶等动物性食品品质下降，引发食品安全事故；(2) 养殖业生态严重恶化，环境被污染，养殖场周边臭气熏天，动物疫病频发，难以控制；(3) 出口量日益萎缩，养殖户收入减少，严重打击了农民的养殖积极性；(4) 耐药菌通过肉、蛋、奶等食品链横向传递给人类，增加感染机会，威胁人体健康。(图 2-2)

(一) 动物性蛋白品质下降，食品安全事故不绝于耳

畜牧养殖业抗生素等药物的滥用，已打破了动物的正常生长周期，严重破坏了动物肠道菌群的平衡，造成动物蛋白营养缺失，尤其是氨基酸的不平衡。虽然生产数量上去了，但是品质却严重下降，味同嚼蜡，不好吃，正如许多消费者感觉的那样：肉吃起来怎么也找不到过去的那个味儿了。此外，抗生素等违禁药物的残留还是造成众多食品安全问题的重要原因。十几年来，我国重大食品安全事件频繁发生，影响极坏。如 20 世纪 90 年

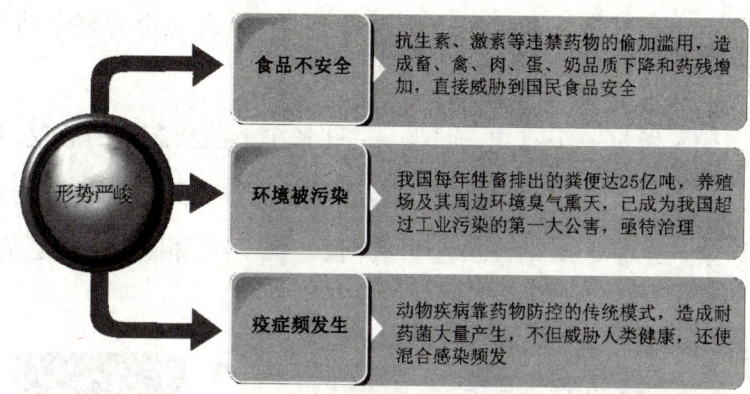

图 2-2 正视我国畜牧养殖业面临的主要问题

代末,山东某大型肉鸡养殖集团出口到日本的肉鸡产品因药残超标而遭退货,上亿元产品付之一炬。此外,在欧盟、美国等国家和地区均有类似事件发生。20世纪末,欧盟兽医委员会多次派人到我国进行考察,结果都没有达到对方的要求。尤其进入21世纪以来,瘦肉精中毒事件、致癌多宝鱼事件、红心鸭蛋事件、苏丹红事件、速生鸡事件等,不绝于耳,令人恐慌至极。正如赵霖教授所说,我国90%以上的食品安全问题,是由动物、肉、蛋、水产品引起的。

在笔者看来,我国目前这种养殖现状和养殖模式如果继续下去的话,今后重大食品安全事故的发生是"在劫难逃"的大概率事情,这绝不是仅靠政府行政命令或罚款就能够解决的。

(二)动物疫病频繁大流行,疫情防控越来越复杂

前面已经谈到,肠道菌群是机体的第一道也是最重要的一

道疾病防御屏障。如果肠道菌群被破坏,那么动物的整个防御机能将异常脆弱、不堪一击。

有人做过一个有趣的试验,一只养在无菌状态下的豚鼠,只需10个沙门氏菌便可将其杀死,而要杀死一只正常条件下养殖的豚鼠,则需要调动10亿个沙门氏菌,两者相差了1亿倍!(图2-3)

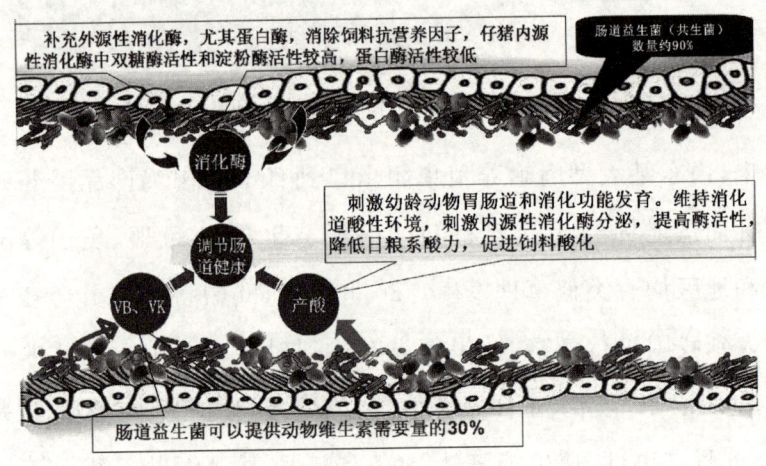

图 2-3　肠道益生菌可以调节肠道健康

在现行养殖模式下,抗生素等药物的滥用直接破坏了动物肠道内的菌群平衡,杀死了作为肠道保护神的众多益生菌,造成动物自身抵抗力越来越差,稍有"风吹草动"即面临"灭顶之灾"。尽管我们新研发的抗生素一代比一代强,防疫用药比十几年前增加了3~4倍,可养殖业的疫情却愈加凶险,日益成为养殖场的"心腹大患"。10余年来,养殖业重大疫病频繁暴发,让人不寒而栗，请看以下事实：

2004年，发端于四川、重庆、云南诸省的猪链球菌病持续了1年多，疫情造成当地养猪量锐减1/3以上，给养殖户造成极大的损失。

2005～2006年3月，H5N1禽流感致18.6万只家禽死亡，2000多万只被捕杀，全国14个省（市、自治区）发生疫病。截至2013年3月，全球共有371人死于H5N1禽流感，其中我国为30人。世界银行禽流感特别工作组组长吉姆·亚当斯说，禽流感疫病一旦暴发，将会造成一两万亿美元的损失。

2006～2007年，江西、江苏、安徽、湖南等地发生猪无名高热，且来势汹汹，迅速蔓延大半个中国。有的养猪场发病率近50%，死亡率在70%～90%，养猪场和养殖户损失惨重。该病传染性强，猝死率高，病因复杂，防治困难，被称为"猪非典"。

2008～2009年，猪圆环病毒病、蓝耳病等迅速在全国各地扩散。由于细菌性、病毒性混合感染，病情复杂，死亡率在60%以上，疫病造成数千万头猪死亡，损失惨重，被业界专家称为"中国养猪业空前的灾难"。疫病大流行之下，许多中小型养猪场全军覆没，纷纷倒闭。2009年年底，各地毛猪价迅速飙升到每千克24元，达历史最高纪录。

2010年，猪蓝耳病和H1N1高致病性禽流感同时暴发。前者由病毒传播，以母猪繁殖障碍和仔猪呼吸道症状为主，死亡率极高，受感染的养猪场平均年仔猪产量损失10%以上。这使我国养猪业多病困扰下的治疗更加困难，如同雪上加霜。后者为2006年以后对养禽业威胁最大的一种传染病，具有传播面广、传播速度快、致病性强、病程复杂、可使人感染等特点。据统计，2006～2011年在我国发生的高致病性禽流感对上下游养禽业造成的直接损失达577亿元。

2011年，就在肠出血性大肠埃希氏菌病和H1N1高致病性禽流感刚刚消停不久，6月2日德国媒体报道，德国和中国的科研人员联合发现了一种新型的肠出血性大肠埃希氏菌，其导致了一系列的疫病。世界卫生组织食品安全专家克鲁泽当天也表示，这种新的致病菌是由两种不同的大肠埃希氏菌基因结合的突变体，以前从未被发现过。2010年8月19日，世界卫生组织新闻发言人称，由于抗生素的滥用，一种"多重耐药"的"超级细菌"在南亚的印度和巴基斯坦被发现，它几乎可以抵抗目前临床上常用的所有抗生素。随后英国和比利时也宣布，前后有6人被这种"超级细菌"感染后死亡。一时间"超级细菌"触动了人们敏感的神经，引起全球恐慌。世界卫生组织将2011年的世界卫生日主题定为"抵御抗生素耐药性——今天不采取行动，明天就无药可用"，向全世界发出了警告，并提出遏制抗生素耐药性蔓延的六点政策一揽子建议，期望伴随着"超级细菌"的警钟声，人类能够合理使用抗生素，及时采取各种综合性的预防和监督措施。

据《中国畜牧兽医报》报道，2013年，我国畜牧行业整体景气度低迷，畜禽产品价格持续下滑，养殖亏损面加大。2013年3月~6月，H7N9禽流感流行，全年禽业损失超过600亿元。

自2004年以来，我国畜牧养殖业暴发的重大疫情，可通过表2-1直观地看到。

表2-1　2004年以来我国畜牧养殖业部分重大疫情表

年份	疫病名称	主要暴发地点	直接经济损失
2004~2005年	猪链球菌病	四川、重庆、云南等	1/3的病猪死亡
2005~2006年	H5N1禽流感	全国14个省、市、自治区	18.6万只家禽死亡，2000多万只被扑杀
2006~2007年	猪无名高热	全国大部	发病率近50%，病死率70%
2008~2009年	猪圆环病毒病、蓝耳病等	全国各地	数千万头猪死亡
2010年	猪蓝耳病、H1N1高致病性禽流感	全国大部	10%以上仔猪死亡、577亿元
2013年	H7N9禽流感	北京、上海、安徽、浙江、江苏等	超过600亿元

相对于我国高密度的养殖量和众多的人口，上述这种"超级细菌"一旦大流行，将很快突破我们脆弱的公共卫生防线，后果将不堪设想，经历过2003年"非典"大流行的人们，对当时的"隔

离恐怖"应该记忆犹新。笔者认为,我国正处于一场空前大疫病暴发的前夜。这绝不是什么危言耸听,十几年来,"非典"、猪链球菌病、H1N1 高致病性禽流感、猪蓝耳病等频繁发生,从中不难发现,动物疾病越来越复杂,越来越难治,越来越不典型,在这些疾病治疗的黑暗胡同中行走可谓心惊肉跳、如履薄冰。两年前,笔者在河南南阳与北京挑战集团博士生导师任教授聊天时,他就无奈地说:"我带学生看了一辈子的病,到现在竟看不懂猪病了。"话音之余,带着几分无奈和悲哀。

综上所述,抗生素等违禁药物的无节制滥用,是造成当今养殖业众多疾病暴发、流行的公分母。

(三)出口量大幅萎缩,农民养殖积极性备受打击

虽然中国养猪量占世界 1/2,肉类总产量占世界近 1/3,是世界上当之无愧的养殖大国,但是由于抗生素等药物残留和卫生标准不合格,出口量只有可怜的 4.3%,且 60% 以上是输往港、澳,尤其入世以来,肉食出口标准与国际接轨,我国的肉品出口量更是直线下滑。与此同时,具有讽刺意味的是,欧美等发达国家的肉制品却潮水般涌向我们这个养殖大国。据我国海关资料统计,入世后的 2000 年 1~8 月,我国畜产品进口大于出口,贸易逆差达 10.23 亿美元,2000 年的头 8 个月,仅上海口岸就进口冻鸡产品 1.06 万吨,同比增长 2.4 倍,出口 1.63 万吨,同比下降 13.4%。近年来,农产品出口更是每况愈下。商务部资料显示,2005 年 10~12 月,我国"禽肉及杂碎"月出口额则由 1815

第二章 动物(养殖业)与细菌

万美元下降到1191万美元,而月进口额由3060万美元增加到3469万美元,月贸易逆差由1245万美元扩大到2278万美元。2006年1月出口额虽然有了较大的增加,达到3882万美元,但主要是对香港的出口增加所致。目前,我国禽产品出口中,只有熟食制品还在继续出口,主要对象是日本和韩国,然而出口额仍在逐步萎缩,鲜活产品则几乎只剩下了香港市场。而另一方面,来自美洲(主要是美国、巴西和阿根廷)的禽产品进口则在迅速增加。例如,2006年1月从美国进口的肉鸡,与2005年同期相比,无论是数量还是金额都增长了12倍以上。

2006年1月1日起,欧盟已禁止所有抗生素和合成抗菌药作为促生长饲料添加剂使用。欧盟的决定是世界性的,其影响波及世界主要农业大国,中国当然也不例外。可以预料,在不久的将来,全世界的主要国家将禁止抗生素药物作为促生长饲料添加剂使用。在国内市场,我国畜禽类产品将面临国外优质畜禽类产品大量涌入的现实,我国自产的畜禽类产品的市场份额将被迫减少。也许正是出于对抗生素、激素滥用的国内食品的担忧,近年来人们才近似疯狂地到澳洲、欧洲、香港等地购买婴幼儿奶粉等。这难道不是对我们这个"养殖大国"极大的讽刺吗?! 在国际市场,面对安全、卫生、健康、生态、环保等方面的严格要求,我国畜禽类产品发展举步维艰。国内市场面临激烈竞争,国际市场出口困难重重,压力无疑是严峻的,也是难以回避的,可以预言,这必将导致众多中小型养殖企业倒闭垮台、大型养殖企业利润下降或亏损,而对农民而言,则意味着养殖赔钱甚至血本无归。

(四)耐药细菌普遍出现,国人很快将无药可用

如前所述,耐药的"超级细菌"的产生方式和地点并不一定都在医院,养殖者为了让鱼、猪、牛、羊等动物在生长过程中不得病、长得快,会对它们大量地、长期地使用抗生素,这同样会让细菌产生耐药性,这些普遍出现的耐药菌通过肉、蛋、奶食物链和排泄物进入泥土、水等环境中,然后经过水和粮食等传递给人类,长期食用这种"有抗食品",人体内的耐药菌就会不知不觉地增加,无疑埋下了一颗"隐形定时炸弹"。一旦被耐药菌感染或疫病大流行,还有什么药物能够在短期内被研发出来去控制疫情呢?

三、思考与对策

现在的养殖模式难以为继,必须悬崖勒马、痛定思痛。回归生态养殖方式,使用生物饲料或用微生态饲料添加剂替代抗生素是解决问题的有效途径。

(一)使用生物饲料或添加益生菌替代抗生素是解决问题的有效途径

它山之石,可以攻玉。农业发达的欧盟以法律形式禁止在

促生长饲料中添加任何抗生素药物,对我们是一个有益启示。事实上,我国近年来越来越多的饲料厂、养殖场都已开始试用新型高效的微生态饲料添加剂(图 2-4),在动物疾病防控,促进生长,改善环境,提高肉、蛋、奶品质方面都取得了明显的效果。

图 2-4 新型复合微生态饲料添加剂

我们知道,纤维素是自然界中含量最丰富的光合产品之一,但大多数动物缺乏纤维素酶,不能消化这类化合物,这样能产生纤维素酶的微生物对于帮助动物消化纤维素就起着重要的作用。如牛、羊等反刍动物。

某些鸟类也需要肠道中的真菌和细菌群体来帮助消化纤维素物质,给其提供营养物。

在自然界中,还有许多动物是以微生物作为食物的。如水中漂浮着许多固体物,其表面浓缩着无机和有机营养物,是微生物生长和繁殖的良好场所。一些异养菌或自养菌可以在这些固体表面生长成菌膜,菌膜就是水中动物极好的食物。

哺乳动物猪与人类的遗传基因相似率达99%以上,小猪出生时,肠道也是无菌的,不久就有多种细菌入住,并经过生长和繁殖逐渐形成一个细菌群体。猪的消化道(图2-5)内,细菌总数随小肠长度的增加而减少,十二指肠的细菌比较少,但后部逐渐开始增加,结肠最多。

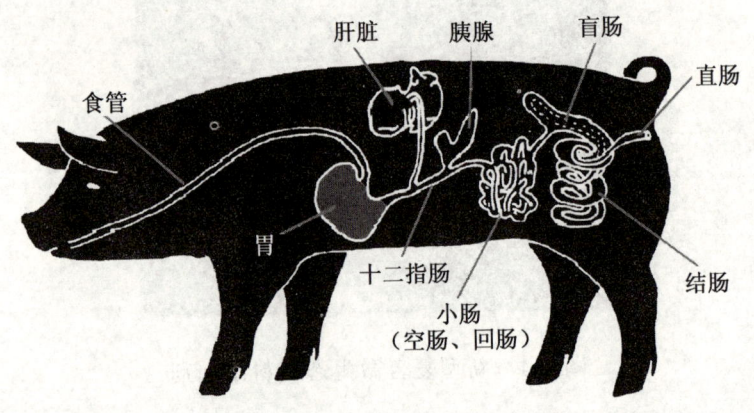

图2-5 猪的消化道

仔猪出生24小时内,空肠、回肠、盲肠和直肠就定植了双歧杆菌、大肠埃希氏菌、乳酸杆菌、消化球菌、肠球菌、拟杆菌和酵母菌等。到8～22日龄达最高峰并形成一个定型的菌群,其中,双歧杆菌、拟杆菌、乳酸杆菌、大肠埃希氏菌和消化球菌占优势地位。42日龄后,随着日龄增长,各个菌群的数量略有下降,其原因可能与猪的营养与饲料结构的变化,如粗纤维等成分的增多有关。事实上,动物与细菌的关系比与人类的关系更加密切,

第二章　动物(养殖业)与细菌 | 53

保护动物肠道菌群对动物的健康生长和品质至关重要。因此，人类养殖的文明生产一定要回归生态养殖，即添加大量有益菌饲料的模拟生态养殖环境养殖。(图2-6)

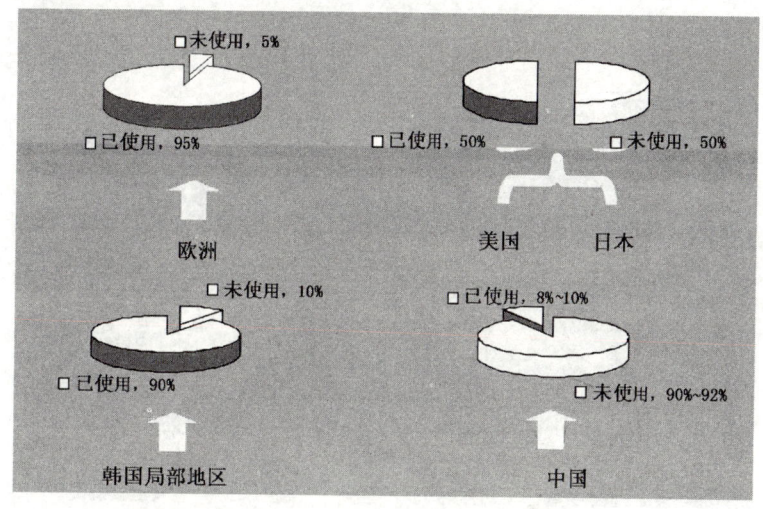

图2-6　世界微生态产品普及率概况

大量试验结果表明，细菌饲料添加剂作为一种"绿色"添加剂，对促进动物生长发育、提高免疫力、防病治病、改善饲料适口性和转化率等具有显著效果。它可以逐渐替代化学物质，取代激素和抗生素，生产出真正的绿色有机食品。用于畜禽水产养殖，可以预防畜禽、鱼虾疾病，净化水质，提高饲料转化率，降低胆固醇含量，消除粪恶臭，减少环境污染。这是国外尤其欧盟多年来先进的养殖模式，值得我们借鉴。

近年来，国内许多大型的养殖场添加益生菌喂猪，喂鸡，喂牛、喂鱼，或者直接使用发酵床养殖（图2-7），不但动物疫病很少，而且产量、生产性能得到提高，肉、蛋、奶品质风味得到明显改善。只要长期坚持下去，生态养殖将是一条高效环保的可持续发展之路。

图2-7　发酵床养猪场

1989年，美国食品和药物管理局公布了乳酸杆菌、双歧杆菌等40多种可直接饲喂的益生菌。

2006年，我国农业部公布的《饲料添加剂品种目录（2006）》

中,饲料添加剂准予使用的益生菌有地衣芽孢杆菌、枯草芽孢杆菌、两歧双歧杆菌等,共计 16 种。2013 年,这一名录增加到 34 种,对我国推广应用微生态饲料添加剂奠定了良好的基础。

添加益生菌饲料添加剂饲养动物,是国内外养殖行业的成功经验和必由之路。事实上,生产生物饲料和微生态添加剂的工艺并不复杂,具有一定专业技能和规模的饲料厂家一般都容易做到。

生物饲料的生产工艺流程为:麸皮、玉米、米糠、蛋白原料、矿物质等→加水、菌种混合→制成适宜软材→密闭、厌氧发酵→低温烘干→成品入库。

微生态添加剂的生产工艺流程为:菌种→斜面培养→扩培→种子罐发酵→生产罐发酵→离心(或压滤,或冷冻,或喷雾干燥)→分离菌粉→成品入库。

(二)用细菌发酵秸秆和牲畜粪便回归农田,是完成自然界碳链循环的重要途径,也是实现有机大农业的必由之路

我国养殖业每年排出的牲畜粪便达 25 亿吨,处理不当,不仅会污染周围水源和空气,而且将成为疾病的重要传染源。据权威部门统计,我国养殖场目前排出的恶臭是工业固体废物的两倍多,成为最大的社会污染源和公害之一。怎么治理呢?对于如何将牲畜粪便资源化利用,不同的人具有不同的思路,具体而言,不外乎以下两种方案。

1. 燃料能源方案

该方案是将各大小养殖场（主要是鸡场、猪场、牛场）的牲畜粪便集中起来，修沼气池，加入甲烷菌产生沼气，解决农户的燃煤、做饭、烧水问题，既解决了环境污染，又解决了能源问题，看起来一举两得。

2. 牲畜粪便加秸秆、细菌发酵，制成有机肥还田方案

这种方案是指将牲畜粪便与大量废弃或烧掉的农作物秸秆混合，加入细菌，厌氧密封发酵，制成优质的有机菌肥，回施农田，既减少了环境污染，又增加了农田急需的有机质和益生菌，是解决循环有机农业的必由之路。

上述第二种方案是我们老祖宗几千年来留下来的自然农业耕种方法之一。以秸秆和牲畜粪便为载体经细菌发酵后，产生大量益生菌，及时返回农田，十分有利于农作物生长，符合生物链有机循环的生态农业之道。（图 2-8）尤其在当下化肥、农药、除草剂、重金属等对农田深度污染，土壤中有机质缺乏，细菌、益虫被大量杀死，土壤板结，水土流失严重，农作物品质下降的情况下，第二种方案显得尤为重要而且唯一可行。第一种方案看起来既治污又解决了能源问题，似乎一举两得，但它违背了自然规律，打断了自然界中碳元素的循环途径，土壤中大量丢失的有机物质，土壤中的细菌、益虫和线虫缺乏营养物质的问题得不到改善，还加速了土壤板结或荒漠化，故不足为取。

笔者不得不遗憾地指出，尽管我国农业废弃物资源十分丰

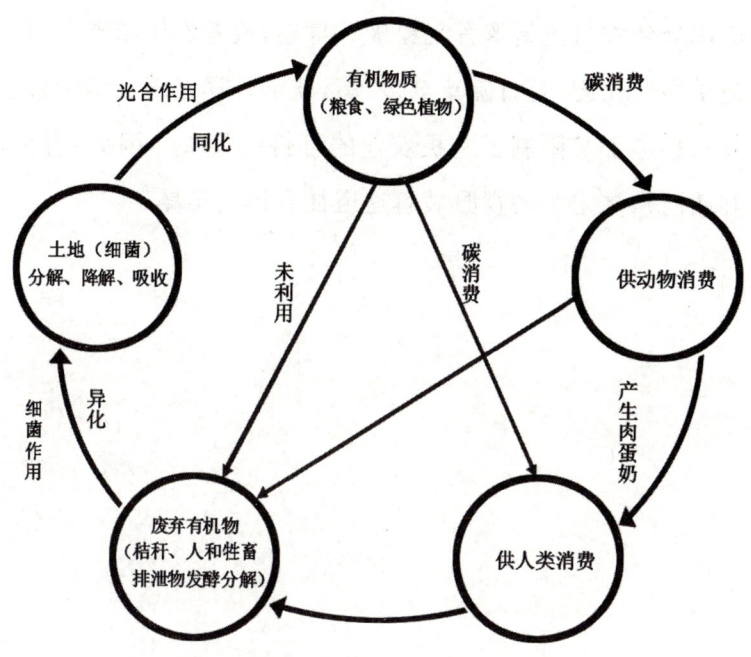

图 2-8 有机生态农业循环模式

富,但是由于城镇化进程的推进以及城乡收入的进一步拉大,农民纷纷进城务工,不愿意再往收益低下的农业上投资,更不愿费力费时地沤制农家肥还田养地,因此农业有机肥的利用率并不高。据调查,目前上海市郊区至少有 25% 的牲畜粪便未被利用,堆放在牧场区内或粪池内,所产生的恶臭性气体,肆意释放于空气中,成为蚊蝇的天堂。部分粪便流到低凹处,形成臭水塘,或经雨水冲刷排入河流,大量腐败性有机物在细菌作用下,消耗分解了水中的氧气,促使水体变黑变臭。

目前,我国正处于由传统农业向工业化快速过渡的时期,种种原因导致农村土地撂荒现象极其普遍,或者农民图省事,种地时简单撒些化肥,打打除草剂、农药,缺乏长期经营土地的思想,这就从根本上又限制了有机农业的可持续发展。因此,有待国家和政府从更宏大的视野破解这道社会体制难题。

第三章
植物(种植业)与细菌

一、土壤中的细菌构成了有机大农业的基础

大地是生物之母,土壤是细菌的温床,植物生长过程中所分泌的物质为细菌尤其根际细菌提供了营养,这些细菌尤其根际细菌吸收了根部所供给的各种养分后,不忘"知遇之恩",不断适时地"吐哺"报答植物,促进植物健康成长,两者共生共荣,互惠互利,成为一个休戚与共、依存紧密的利益共同体。

(一)土壤是细菌之母

地球上的植物,如乔木、灌木、藤类、青草、蕨类、地衣及绿藻等,种类繁多,其中高等植物约30多万种,低等植物约10多万种,构成了大自然从南到北、从东到西丰富多彩、千差万别的绿色风景线。然而,推动这一切的却是那些几乎不被人察觉的细菌。因此,研究细菌与植物的关系极其重要,这些绿色生命构成

了其他生物生命的基础。

达尔文在《物种起源》一书中,向我们阐释了长颈鹿的进化原因:长颈鹿产生的后代超过环境承受能力(过度繁殖);它们都要吃树叶而树叶不够吃(生存斗争);它们有颈长和颈短的差异(遗传变异);颈长的能吃到树叶生存下来,颈短的却因吃不到树叶而饿死(适者生存)。(图3-1)这就是"适者生存"的进化论观

图 3-1 长颈鹿进化示意图

点。地球上的一切生命均是如此。自原始生命出现以来,地球便进入生物进化阶段。大约35亿年前,原始生命演变为原核生物。随着数量的增多,它们需要的营养越来越多,能够提供营养的物质渐渐供不应求,于是生存竞争出现了。结果,有的原核生物被淘汰了,有的则生存了下来。最先出现的是单核细菌,单核细菌一旦出现,生物便开启了从低等向高等逐渐进化的历程。高等植物是土壤中有机物的主要来源,对主要靠分解有机质为生的细菌来说,植物成为它们最主要的营养源之一,而土壤细菌所分解的有机质又供高等植物吸收和利用,两者之间产生了巧

妙、和谐的互利关系。这种在生命进化过程中形成的相互依存关系的密切度远远超出了人们的主观想象。

　　土地是人类之母,亦是细菌之母。土壤中细菌的分布因地区和土层深度的差异而有所不同。每克肥沃的土壤中富集了大约4000种、1亿个细菌,而荒地或沙漠地的细菌含量则较少,每克沙漠地的沙土中仅含10万个细菌。一般而言,土壤越深,细菌越少,数米深的土层中有时仅有个别细菌存在,其原因在于有机物质被上层土壤过滤和吸收,以致深层土壤营养不足,此外还有氧气、温度等条件的限制等。土壤中细菌的种类繁多,包括球菌、杆菌、螺旋体、酵母菌、放线菌等。(图3-2)这些细菌支撑了这个星球生物演化和物质循环的基础,而绿色植物又是这个循环链条中的重要一环。

　　(二)细菌是植物优质高产的"保护神"和"利益共同体"

　　在一般人的想象中,植物的根作用主要在于植物体定株和吸收养分。然而,这种传统的看法,在今天"永续性地力"困难问题面前则不免显得有些局促。比如,即使为庄稼、蔬菜等提供了充足的水分和无机肥等,植物依然不能茂盛地成长。植物的根部为什么不能完全吸收这些养分?当前植物的病原菌、病虫害又为什么越治越厉害且加速滋衍变得不可收拾了呢?

　　土壤微生物学家的研究给出了答案:植物的生理生化作用与细菌之间有着不可分割的互利共生的关系。植物根部的分泌物满足了细菌的需求,同时细菌又生产出各种不同的物质来回

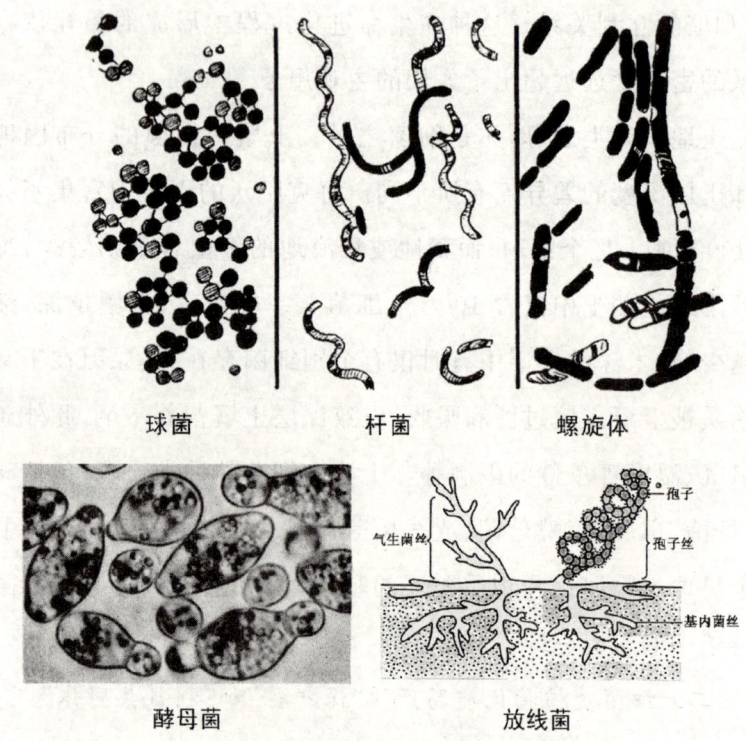

图 3-2 土壤中的部分常见细菌

馈植物,两者是共生的伙伴关系。植物生长茂盛,除了水分、养分之外,拥有足够的细菌是最重要的前提之一。

至今许多人仍不清楚,植物事实上一直穿着一件人们用肉眼无法察觉的"细菌外衣",这些附生于植物表面的细菌主要靠植物所分泌出的有机物为生。在土壤中,植物根部周围约 5 厘米的范围内,重重围绕着高密度的细菌,土壤学家称之为**"根际菌"**或**"根际微生物"**。植物排出的特有的分泌物吸引了无数的根际细菌于其周围,这些根际细菌也分泌出各种有机物,包括氨基酸、低分子糖类、核酸、生长激素及各种酶等,这些有机物对植物生长、生殖等生理作用有显著的影响,与农产品质与量的提升关系极大。更有细菌进入根部组织内,在根细胞内繁殖,称为"**菌根菌**"。和人体内的细菌与人体细胞进行的"三流交换"道理一样,进入植物根部的细菌不会破坏根部组织,也与根部细胞进行着物质、能量、信息等的交换,促使根部活力、吸收力增强,有利于植物健康生长与自然抗病力提高,不但能使植株强壮,更能保护植物减少病虫害。可以说,当代有机农业的首要目标当是在土壤内成功培养大量的有益细菌。

除根部以外,植物的茎秆体表、叶面和果实等,由于可提供适宜的栖息环境和营养条件,也有大量有机异养型或光合型的细菌(尤其酵母菌)、地衣和藻类存在,我们将这些称之为"**附生性细菌**"。直接以叶面做栖息环境的细菌称为"叶面细菌",其数量取决于季节和叶龄。植物上的附生性细菌直接经受气候变化、温度高低、风吹雨淋、日晒夜袭等,是能产生色素、有保护细胞壁特异功能和对恶劣环境条件具有良好适应性的细菌,它们通常借助风、昆虫等外力完成从一个植株到另一个植株的迁移。

不同的植物体表、叶面对细菌的附生具有选择性。比如,叶面附生性细菌较之地上落叶中的细菌种群更能利用糖类、醇类作为碳源,而落叶中的细菌种群则具有更高的水解脂肪和蛋白质活性。酵母菌常栖息于植物叶面,如玫瑰掷孢酵母、黏红酵母、劳伦隐球酵母等，它们能产生丰富的色素，可以保护植物对抗阳光直射。花也可为流动性细菌提供一个短期的栖息地，花蕊中的高浓度糖颇受酵母种群的欢迎，如拉考夫假丝酵母和铁红假丝酵母等。

植物中的根际细菌还是植物体内营养物质的"加工厂"和"运输大队长"。许多根际细菌可产生维生素、生长素和刺激素类物质，如固氮菌、根瘤菌和某些假单胞菌等就能产生吲哚乙酸和赤霉素类生长调节物质，刺激植物生长。（图 3-3）大多数根际细菌还可分泌抗生素类物质，有助于植物抗土著性病原菌的

图 3-3　没有接种菌根（左）和接种菌根（右）的松树幼苗 6 个月后对比图

侵染。如豆科作物根际常有一种具有拮抗作用的细菌,其能抑制小麦根腐病菌和长蠕孢菌等病原菌的生长,减轻后茬小麦的根腐病害。某些根际细菌还能产生一种特殊的能与铁离子发生螯合作用的有机化合物——铁载体,其能促进三价铁离子的溶解,并转运入植物细胞,还原并释放出二价铁离子,用于合成其他的含铁化合物。根际细菌还可使植物根系形成密集的根簇,扩大营养吸收面,增强植物对水、磷等营养物质的吸收。

根际群落的建立是细菌生态进化的一个明显事例。细菌在植物根际区,因受到植物根分泌物及脱落根冠细胞的分解产物的影响,在根系周围大量增殖。其数量、种类和生活方式与根际区外的细菌具有较大差异。根际细菌受植物种类的影响很大,一种植物的根际细菌与另外一种植物的根际细菌是不一样的。此外,有些根际细菌还能侵入植物体内,与植物建立更为直接的相互依赖关系。如根瘤菌,除供给植物氮素养料外,还含有一种与固氮作用有关的蛋白质——豆血红蛋白,其功能与动物的血红蛋白相同,起到运输氧的作用。豆血红蛋白将类菌体周围的氧运输出去,造成低氧环境,以利于固氮作用在厌氧条件下顺利进行。豆血红蛋白由原蛋白和血红素辅基组成,原蛋白的基因由植物编码,血红素由细菌提供,只有在固氮菌侵入植物根部形成根瘤的过程中,豆血红蛋白的基因才表达。

总体而言,植物体细菌的分布主要有根际细菌、附生细菌、植物与细菌的共生体以及植物的寄生细菌等几种情况。根际细菌的数量众多,可达 $10^6 \sim 10^8/cm^3$。由于根系分泌物的选择作用,根际细菌群体中要求以简单氨基酸类物质为营养的细菌占有很高的比例,而要求复杂生长因素的细菌所占的比例则较低。

根际细菌还可以改善植物的营养源,将土壤中的简单无机物合成新的化合物。根际细菌在分解有机物质的过程中,可使之释放或最终形成氨、硝酸盐、硫酸盐、磷酸盐等,并随之放出二氧化碳,促进植物营养元素的矿化,如把无效的无机磷、有机磷矿化为有效磷等。

根际是植物细菌生活的大本营,因而特别旺盛。根际内土壤中细菌的数量要比根际外土壤中细菌的数量高出几倍甚至几十倍,这与根系不断改变周围土壤环境并丰富土壤有机质密切相关。首先,植物在生长发育过程中所产生的一些代谢产物由根部分泌到土壤中,成为根际细菌的有机营养物质。这些营养物质包括氨基酸、维生素、糖类、有机酸、生物碱、磷脂及其他成分。这些物质有的对根际细菌生长有促进作用,有的则可能有选择地产生抑制作用。其次,根系也向土壤分泌多种酶,如蔗糖酶、淀粉酶、蛋白酶等,这些酶促进了土壤中有机物的转变,从而更有利于根际细菌的吸收和利用。第三,根系的发育产生了许多死亡的根毛和表皮细胞,所释放的物质可供根际细菌尽情享用。正因如此,植物的根际吸引了大批细菌"安家落户""生儿育女",而这些在根际落户的细菌吸收了植物根部所供给的各种养分后,不忘"知遇之恩",不断适时地"吐哺"报答植物。在生态平衡时，根际细菌主要具有下列生理作用：（1）生物固氮作用；（2）促进植物对各种养分的吸收，通过根际细菌的转化作用使许多物质变成植物可吸收的养分；（3）生长刺激作用，根际细菌能产生许多影响植物根系发育的有机化合物，促进植物生长，提高种子发芽率和根毛的发育质量；（4）它毒作用，根际细菌可分泌一些抗生素类物质，抑制其他细菌的生长，有时甚至会产生一些对其他植物有毒害作用的物质，以保护宿主植物和根系自身的细菌群落，以便让"自己家族"获得更有利的生活空间。

植物与细菌形成共生体的典型例子即是根瘤菌和豆科植物所形成的共生体——根瘤。（图 3-4）根瘤菌作为异养菌可以自由生活在土壤中，但无固氮作用。而在适宜的条件下，侵入植物的根须，与植物的根部组织共同形成根瘤，即可发生固氮作用。除豆科植物与根瘤菌能形成这种关系外，放线菌的内生菌也能与某些木本植物如杨梅、沙棘等形成根瘤。

图 3-4　长满根瘤的大豆作物根系

那么，豆科植物根部那些类似小圆球的根瘤是如何形成的呢？原来，根瘤的产生是由于土壤中的根瘤菌受根毛分泌物吸引，聚集生活在根毛周围，分泌纤维素酶，逐渐溶解了根毛的细胞壁，根瘤菌乘机从根毛侵入根原皮层细胞，在皮层细胞中迅速繁殖，同时皮层细胞因受到根瘤菌分泌物的刺激不断分裂，产生大量新细胞，致使该部分皮层体积膨大，结果就在根部表面形成了瘤状突起的根瘤。

植物体上的寄生细菌"脾气"也是不同的，有的是严格寄生，有的是兼性寄生。严格寄生的细菌，一般只能在一种特定的活的植物体内生长繁殖，一旦离开植物体就不能生长。如致植物病害的各种病毒。而兼性寄生细菌则既能在被寄生的植物体上生长繁殖，也能在土壤等外界环境中生长，这类细菌的致病性往往是有条件的，可称为条件致病菌。如引起水稻纹枯病的病原菌——立枯丝核菌、引起棉花枯萎病的病原菌——镰刀菌等。

总而言之，与人和动物相比，细菌同植物的关系更加密切，它们是一个休戚与共、依存紧密的生活共同体。植物的生长、发育、品质甚至遗传都与其自身及周边的细菌息息相关。了解了这一点，我们就不难解开"货出地道"的奥秘，"怀山药""川黄连""高丽参"等的品质之所以与众不同，谜底真相大白。驰名中外的国酒"贵州茅台"，多次试验证明其不可复制，科学家通过长期研究终于发现，原来在其酿造厂周围和生态极好的赤水河系中蕴含着成千上万的独特的"神秘细菌"！

需要指出的是，植物体上的这些细菌，尤其寄生细菌有时也会对植物造成病害。然而能否对植物造成病害,同样遵循"优势菌群法则",取决于植物生长全程中自身及其周边益生菌是否处于优势地位。生长得越是强壮的植物植株越不容易生病虫害,其中就是这个道理。此外,植物和土壤中的细菌还是一个动态的平衡关系,极易受外界因素的影响而遭到破坏。那些滥施的农药、化肥等,对植物和土壤中的细菌来说,无疑是灭顶之灾。

二、化学物质的滥用严重破坏了土壤生态

农药、化肥的滥施滥用,杀死了土壤中的细菌和有益线虫,造成土壤板结、地力下降、农产品失去风味。大量残留的农药还污染了土壤,污染了水体,污染了环境,破坏了土壤生态平衡,严重威胁着人类的健康安全。

农药、化肥的滥用,导致生态系统遭到严重破坏,农作物病虫害、田间杂草越来越难治理,人类不得不转向于依赖安全性未经验证的"转基因"食物。也许若干年后,人类将真的面临一场不可收拾的生态灾难。

(一)农药的污染

当时间的年轮跨入20世纪,聪明又愚蠢的灵长目动物——人类,为一己之私大肆掠夺这个星球的资源,依靠所谓的"化学

技术发明",制造了这个星球各个物种空前的生态灾难。为了防治植物病虫害,全球每年要喷洒600多万吨化学农药。美国康奈尔大学的研究表明:全世界每年使用的600多万吨农药,实际发挥效能的仅1%,其余99%都散逸于土壤、空气及水体之中。中国是世界上最大的农药生产国,也是世界上最大的农药使用国。中国农业科学院的一项研究表明:我国农药的过量使用在水稻生产中已达40%,在棉花生产中超过50%。农药使用中的一个严重倾向是有机磷等高毒农药比重过大,高毒有机磷农药约占我国化学农药的70%。更令人忧心的是,农药施用量每年仍以10%的速度递增。我国农药的使用,包括除草剂、杀菌剂、杀虫剂等,导致不少地区土壤、水体及粮食、蔬菜、水果中农药的残留量大大超过国家安全标准,对环境、生物及人体健康构成严重威胁。据统计,我国每年在蔬菜、水果等农作物产品上使用的农药约100万吨,我们平时食用的水果、蔬菜和粮食作物,有99%在生产过程中不同程度地被喷洒过各种农药。

农药污染危害范围很大,对生物破坏极为严重,且难以在短期内降解消除,污染持续时间相当长,同时在空气、水体流动以及其他生物活动作用下还可传播到非常遥远的地方。科学家已在珠穆朗玛峰6500米以上鲜有人类足迹的东绒布冰川新降雪中检测到了有机氯农药成分。南极远离其他大陆,孤立于地球最南端,曾被认为是全球唯一的无污染地区,然而美国的科考则证实,有的南极动物产的卵壳很软,主要是受一种叫作DDP农药残留物的影响。当然,迁徙的鸟类也可以把它们体内积存的有机污染物带到南极。有机氯农药包括 DDT(滴滴涕)、HCH(六六六)等,主要用于农林业虫害的防治,具有很高的毒性,由于价廉高效,历史上曾被大量使用,遍布全球各个角落。虽然其早已被包括中国在内的许多国家禁用多年,但完全降解需要几十年的时间,因而如今仍顽固地存在于土壤、水体和生物体内,持续对包括人类在内的其他生物造成"长期慢性毒害"。

农药污染低剂量摄入,短时间内虽然不会给生物体造成现行危害,但并不意味着危害消失。试想,如果长时间地或反复频繁地摄入,情况会如何呢?农药的剧毒毒素就会在生物体内通过富集而形成累积性中毒。例如,偶尔吸食一支烟与吸食一包烟或每天吸食一包烟的危害相比,无疑天壤之别。有科学家认为:死于癌症的吸烟者可能主要不是受到烟草中尼古丁和焦油的危害,而是受到烟草中辐射物质的累积危害。研究者对烟草中所含放射性核素(包括镭-226、镭-228 以及钋-210)与切尔诺贝利核泄漏事故中被污染树叶内所含铯-137 的辐射性进行了对比测量,并对希腊境内 15 个地方平均每天吸食 30 支烟的人所吸收的辐射剂量进行了计算,发现这些吸烟者年平均吸收的辐射剂量是 251 毫西弗,而切尔诺贝利核泄漏事故污染树叶的年辐射剂量仅为 0.199 毫西弗,两者相差 1000 多倍。

有的农药化学结构非常稳定,难于降解,且毒性高,一旦摄取就不易被排泄,从而积存于生物体内。试验表明,喷洒后的农药有 40%～60% 降落在土壤中,其可通过植物的根系吸收转移至植物组织内部,土壤中农药含量越高,植物中的农药残留量就越高,两者呈正相关性。

农药对人体造成的危害还在于极易被忽视的间接危害。导致间接危害的一条途径便是农药对环境造成污染后,经食物链的富集,逐步危及处于食物链最顶端的人类。当人畜食用了含有残留农药的食物时,就会造成积累性中毒。如鱼在受农药污染的水域生活或吃了被农药污染的植物,由于难以降解,毒性大的有机污染物便积存于鱼的体内,人吃了这种鱼,含毒物就会转存于人的体内。这种经食物链逐步富集的积累性中毒,要经过较长时间的积累才能显示出症状,往往不易被及时发现,因此一般不为人们所重视。然而,达到一定程度,将危及人的安全,甚至会毫不留情地夺走人的生命。

农药对环境和人体健康的危害日益严重,已经是个不争的严酷事实,这是一个关系到民生的刻不容缓的大问题。笔者曾在豫东一个乡镇搞调研,亲眼目睹农药的毒害威力,在距离300米的地方有农民在玉米地喷洒除草剂,顺风刮来的农药味儿令人呕吐,喷洒过农药的地里,数米开外的杂草很快变黄、枯萎。据中国植保资讯网报道,我国每年农药中毒人数有 10 万之众,致死率约 20%。农药残留和污染间接造成的病死人数至今尚无官方统计,想必定是一个惊人的数字。

近年来,我国政府试图通过提高农药残留标准、立法规范农药使用、倡导推广生产和使用低毒高效生物农药、生产推广农药生物降解产品等相关措施,来改变受农药污染严重的现状,但由于种种原因,收效甚微。纵观全国,无论东北、华北,还是中原、华南、西南,农药问题尤其在秋作物上的过度使用问题还未从根本上得到解决,尚需加大立法力度,加强政策引导,加快新技术的扶持和推广。

农药尤其除草剂对人体的危害主要表现为三种形式:急性中毒、慢性中毒和"三致"危害。农药经口腔、呼吸道等接触后大量进入人体,在短时间内表现出的急性病理反应称为急性中毒。急性中毒轻则头痛、头昏、恶心、呕吐、倦怠、腹泻、腹痛,重则胃肠痉挛、呼吸困难、大小便失禁、昏迷,甚至死亡。另外,急性中毒如果救治不及时或不当,患者可能致残或留下其他后遗症。

农药污染与核污染相似,更多情况是以慢性中毒和"三致"形式长期危害人体。2008年,国外某大学曾组织387名志愿者参与一项研究,研究人员对志愿者的脂肪组织样本进行了分析,结果表明:所有志愿者的人体内至少携带有一种农药残留物。农药的慢性危害虽不会像急性中毒那样立即直接危及人的生命,但会降低人体器官的免疫力,引发肝硬化、肝积水、贫血、白血症、脱皮、神经炎、多发性神经病、中风、女孩性早熟、男性精子数量减少等多种疾病,致使其他疾病的患病率及死亡率上升。

此外,农药毒素在体内积存还可致癌、致畸形、致基因突变多发,即"三致"。国际癌症研究机构根据试验确证,广泛使用的农药具有明显的致癌性。据称,仅美国与农药有关的癌症患者数约占全美癌症患者总数的 30%。越战期间,美军在越南很多地区喷洒了大量植物脱叶剂,致使不少美兵和越南平民患了癌症、遗传性缺陷及其他疾病,越南也因此出现了 15 万名畸形儿童。1989~1990 年,匈牙利西南部仅有 456 人的林雅村,在生下的 15 名活婴中,竟有 11 名为先天性畸形,占 73.3%,其主要原因是孕妇妊娠期内食用了经敌百虫处理过的鱼类。可见农药的残毒是非常严重的。

(二) 化肥的污染

我国长期过量使用化肥,既造成氮、磷、钾等肥料利用效率低下、浪费严重,又造成环境污染、水体富营养化。中国农业大学资源环境与粮食安全研究中心主任、博士生导师张福锁教授等在《土壤学报》2008 年第 5 期《中国主要粮食作物肥料利用率现状与提高途径》一文中,总结了数年来在全国粮食主产区进行的 1333 个田间试验结果,分析了目前条件下中国主要粮食作物水稻、小麦和玉米氮、磷、钾肥的偏生产力、农学效率、肥料利用率和生理利用率等,发现水稻、小麦和玉米的氮肥农学效率和氮肥利用率均远低于国际水平,且与 20 世纪 80 年代相比呈明显下降趋势。造成肥料利用率低的原因主要包括高产农田过量施肥、忽视土壤和环境养分的利用、作物产量潜力未得到充分发挥以及养分损失未能得到有效阻控等,并指出提高肥料利用率的方法,须从植物营养学、土壤学、农学等多学科联合攻关入手,充分利用来自土壤和环境的养分资源,实现根层养分供应与高产作物需求在数量上匹配、时间上同步、空间上一致,同时提高作物产量和养分利用效率,协调作物高产与环境保护。

《大众日报》2008年10月21日相关报道指出,在我国农业大省山东,化肥浪费严重,利用率不足30%,比发达国家多损失一半,每年仅氮素损失约60万吨,折合人民币15亿元。山东省畜牧局的调查则指出,山东省氮素的有效利用率仅9%,磷和钾的有效利用率也仅有13%~14%。1990~1999年10年间,山东省化肥用量增长58%,而粮食产量仅增长了20%。我国化肥的使用量和生产量均居世界首位,每年要消耗掉世界化肥总量的近1/3,肥粮比(即每千克化肥对产粮的贡献率)却呈递减态势,由此造成氮肥的损失巨大,等于每年白白浪费了2000万吨的尿素(折合人民币380亿元),这意味着我国每年100个年产20万吨的化肥厂开足马力满负荷运转一年却在做无用功,这还未计算能源消耗、环境污染的代价!

从国家统计局公布的《中华人民共和国2011年国民经济和社会发展统计公报》来看,2011年,我国化肥总产量达6217.2万吨,等于说,我国占世界7%的可耕地用掉了世界年产量30%的化肥。北京市农林科学院植物营养与资源所所长刘宝存说,我国常规农业生产一直以化肥、农药的高投入来换取农产品的高产出,粮食总产量中的1/3是化肥的贡献。

然而,比经济损失更严重的是环境污染。我国的化肥利用率平均不足30%,剩余超过70%的大量化肥均要被土地等吞噬,从而对环境产生严重污染,对水体、土壤、大气、生物及人体健康造成严重危害。这主要表现在以下四个方面:(1)造成江河湖海及地下水源的污染。农田径流带入地表水体的氮占人类活动排入水体氮的51%,这些江河湖海水域中的氨、氮和硝酸盐都是主要污染物,富营养化日趋严重,同时造成地下水污染。(2)威胁近海生物。大量氮肥流失,为"赤潮生物"的迅猛增殖提供了丰富的营养条件,这也是赤潮发生的主要诱因之一。(3)破坏土壤结构。农田长期大量使用氮肥特别是氨肥,使土壤逐渐酸化,板结普遍严重。长此以往,最终将会使土地丧失农业耕种价值。(4)影响人类健康。人或牲畜食用大量含有硝酸盐的植物后,会出现行为反应障碍、工作能力下降、头晕目眩、意识丧失等症状,严重的还将危及生命。同时长期饮用含硝酸盐、亚硝酸盐过量的水和食物将诱发多种癌症。

(三)农药、化肥污染已成为新的公害

据世界卫生组织统计,2007年全球确诊的肿瘤病人为1200万,而每年死于恶性肿瘤的人多达700万。我国每年新增癌症病人220万,其中有160万人被癌症夺去生命,且这种现象还有加快上升的趋势。如果将这种可怕的癌魔做一分析的话,我们会发现,我国常见的9大恶性肿瘤中,胃、食道、肝、胰腺、结直肠等消化道癌症占全部恶性肿瘤的60%~70%,死亡率近年已超过心血管系统疾病,上升为第一位,这对我国国民的生命健康和

第三章 植物(种植业)与细菌

现代化建设构成了极大威胁。癌症在几十年来迅速高发,应与环境污染有直接的关系。除常见的癌症、白血症、肝肾病、男女不孕等病症呈日趋上升态势外,还有更多说不清、诊不明的离奇古怪的病症不断发生,工业污染严重固然是原因之一,然而更多的当是那些几乎无处不在的农药和化肥污染惹的祸。

2010年12月,针对我国农产品中农药、化肥高残留存在的现象,农业部下发了《农产品及食品中农药最大残留限量(征求意见稿)》,以监管我国食品中的农药残留量,同时标志着我国食品中农药残留国家标准体系建设取得重大进展。这一国家标准将82种农药在农产品和食品中的194个最大残留限量设置上限,白菜、蘑菇、甘蓝、黄瓜、玉米、荔枝、苹果、橘子等多种蔬菜和瓜果都有涉及。最大残留限量是指允许农药在各种农产品及食品中或其表面残留的最大浓度。一般来说,普通人每日摄入低于最大残留限量的农药至终生,不会对健康产生重大危害。这一强制性国家标准几经修改,截至2014年底,共规定了387种农药在284种(类)食品中的3650项限量指标,在监管和指导食品安全生产方面发挥了重要作用。

2011年"两会"期间,代表们建议并呼吁将《中华人民共和国植保法》尽快列入立法规划,这与业内人士的看法不谋而合——完善植保法规,严控应用环节,促使更多企业致力于高效、低毒以及生物农药的研发和推广,以保障国家粮食、环境和食品安全。植物保护工作不仅事关粮食安全、农业生产安全、农产品质量安全和生态环境安全,也关乎中国农产品市场竞争力的提升和农民增产增收。相关立法工作滞后,造成植物病虫害防控工作无法可依;农民缺乏科学用药知识,使用农药不规范;政府和农药生产企业宣传力度不够;市场上存在质量差但价格低的农药产品等,都是农药残留量超标的主要原因。众所周知,由于病虫害的侵袭,在农产作物的种植过程中,农民若不施用农药,农产品就得歉收甚至绝收,因此粮食安全又得靠农药来保障。要解决这对矛盾,那就需要减少低效、高毒农药的生产,加大高效、低毒农药尤其生物农药的研发和技术推广,这样粮食安全、农产品质量安全才能都有保障。

此外,掌握和运用科学的农药降解方法、生产和推广农药生物降解产品是极其必要的。具有讽刺意味的是,我国每年生产的低毒生物杀虫剂——苏云金杆菌,农民嫌见效慢不愿用,80%出口到了欧美,而我国却又从欧美等国大量进口毒性较大的所谓高效化学杀虫剂回来。也许有人会以"中国国情"和"市场调节"来搪塞,但笔者认为,在权衡国民的食品安全、健康安全与短期效益和任期内业绩的利弊时,大家还是应该有所作为的。

另外,因为害怕吃进残留农药,长期以来,许多人在去除农产品(主要是蔬菜瓜果)残留农药的方法上也陷入了一个误区。比如使用洗洁剂洗涤法、清水浸泡水洗法、碱水浸泡法、臭氧熏蒸去除法、去皮法、储存法、加热法、曝晒法等。但是,人们采用的这些方法多是物理和化学方法,往往不能彻底有效地清除残留农药,有时反而会造成二次残留或二次污染。尤其洗洁剂洗涤法和清水浸泡水洗法,可以说完全是一种严重的误导。众所周知,各种清洁剂、洗涤剂类产品的主要功能在于除去厨具、餐具等物品表面的油渍、污物,根本无法除去果蔬内部残留的农药,再加上其本身多是化学物质,洗涤瓜果蔬菜,其中的化学有毒物质往往沾染在果蔬上而被人食用,如果再用洗过的水洗涤其他东西或流入水域、进入土壤,二次污染在所难免。试想,倘若清水可以去除农药,那么农药残留的问题还是问题吗?农药残留还那么可怕吗?这里要明白一个常识:农药具有不溶解于水的特性,因此残留农药是洗不掉的,更何况农药被吸收后,分布在种子、茎叶和果实的内部,只有从源头上通过细菌降解方能奏效。换句话说,要想彻底解决农药残留问题,必须从恢复干净的土地开始,从恢复土地的自然生态面目开始。而这一切则需要我们逐步减少使用农药、化肥等,亦即停止"放毒作恶",改弦更张,以拯救被肆意践踏扼杀的土壤细菌。

当今世界范围内农药、化肥大量使用下的所谓"农业现代化",不仅使难以计数的生物遭到灭绝、肢解,导致生态系统遭到毁坏,同时也威胁到了整个动、植物相互依存的共同体。君不见,大批森林被严重破坏,土壤板结或沙漠化,湿地面积日益萎缩……。我们的盲目行为已经危及到了地球生命赖以生存的"中枢神经系统"。

三、思考与对策

我们已面临一场化学农业带来的"新公害",其牵涉范围极其广泛,已造成了日益加剧的生态灾难。我们是束手无策、听之任之,还是悬崖勒马、改弦更张?这是每一个有良知的人都不容回避的问题。尽快改变目前这种对土地"杀鸡取卵"式的耕种方式已迫在眉睫。生物修复,首先要对土壤中遭到破坏的细菌进行恢复,要由国家有关部门制定出减少农药、化肥使用的时间表和路线图,对在瓜果、蔬菜、茶叶、中草药中使用高毒农药的人员和部门,要有像查处"瘦肉精"事件一样的胆魄和力度严格执法。其次要"堵""疏"结合,与之相配套的是大力推广益生菌肥料、生物防治技术和产品,对新型的生物防治技术给予政策扶持和资金支持。加大使用益生菌有机肥料,推广生物农药,进行农作物病虫害的生物防治,才是摆脱目前窘境、生产绿色有机食品的不二法门。

我们讲土壤的生物修复,主要是依靠细菌对土壤进行修复,即使用细菌来发酵自然界丰富的植物秸秆和动物粪便,鼓励秸秆过腹还田并作为有机益生菌肥料回归大田,增加土壤中益生菌和益虫(如蚯蚓等)的含量,逐步恢复、增强地力。只有长期坚持使用,才能形成良性循环,走上"以菌救田,以菌养田"的有机自然农业之路。

如河南郑州某生物工程企业,自主研发的新型微生物专利肥药"金梦达"系列产品(图3-5、图3-6),经过8年以上的试验和大田推广(累计超过10万亩),证明可以完全替代小麦、水稻、花生、玉米等农药拌种剂,不但可以防治纹枯病、白粉病、稻瘟病、果腐病等多种病虫害,还能使种子提高发芽率、提前出芽,促使作物根系发达、生长茂盛、籽粒饱满、耐旱抗冻、抗倒伏、抗干热风,平均单产提高8%～35%。

我们所说的益生菌发酵的有机肥,既不是传统的有机肥,也

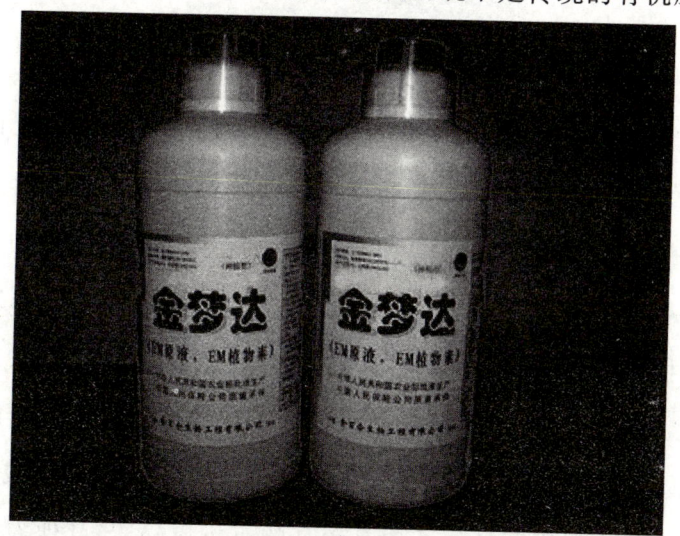

图3-5 "金梦达"新型微生物专利肥药之一

图 3-6 "金梦达"新型微生物专利肥药之二

不是单纯的菌肥,而是两者的有机结合体。它充分利用了自然界中的可持续发展资源,是有益细菌以自然界中的有机物为基质和载体,科学性地施入大田,非常有利于改善当前板结的土壤结构和土传病害,且营养物质有利于植物吸收。经益生菌发酵的有机肥的有机质载体大多为作物秸秆、草碳、禽畜粪便、生活垃圾、城市活性污泥等有机废弃物。所含益生菌大致为分解菌(如放线菌、真菌等)、光合细菌、固氮菌、解磷解钾菌和乳酸杆菌等。生物有机肥产品除了含有较高的有机质外,与其他农肥相比还含有具有特定功能的益生菌。

生物有机肥含有大量的益生菌，施入土壤后，益生菌很快增殖，形成群体优势分解土壤中被固定的且植物不能吸收利用的氮、磷、钾等矿物质，以及固定空气中游离的氮，供植物吸收利用。生物有机肥还可以帮助作物更早生根、出苗和成熟，使作物体内产生抗逆性，具有神奇的抗病、抗旱、抗倒伏等作用。若在田地中长期使用，生物有机肥还能有效降解土壤中的重金属残留，净化环境。试验证明，科学使用生物有机肥后可使肥料的肥效利用率由目前的不足 30％提高到 60％～80％甚至更高。（图 3-7）

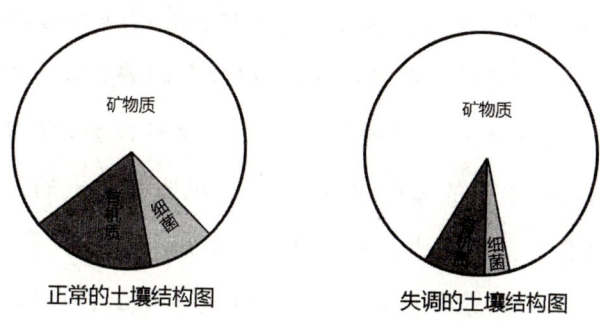

图 3-7　正常的土壤结构和失调的土壤结构对比图

在我国当前土壤条件下，施用生物有机肥主要可起到以下作用：

（一）培植地力，增加有机质

生物有机肥可改善土壤理化性质，增加土壤中的细菌和益虫，修复土壤生态。培植地力，从某种意义上说，就是培养恢复土壤中的细菌和益虫。

(二)提高农作物产量

这主要是通过功能菌在植物根部定植、生活来发挥作用。这种作用是通过功能菌产生促进植物生长的物质体现的,完全不同于那些在生物有机肥中添加植物刺激素的作用。生物有机肥的增产作用还与其含有的细菌的固氮、解磷、解钾作用有关。

(三)改善作物品质

生物有机肥营养物质释放缓慢,以氮素营养而言,多以 NH_4^+ 或氨基酸形式供给植物,进入植物细胞后无需消耗大量能量和植物光合作用产物(如糖分、有机酸等)而直接参与植物细胞物质的合成,故生长速度较快,积累的糖分等有机物质较多,长出的农产品质量自然较好,且很少有硝酸盐等有害物质污染。(图3-8、图3-9)平时我们一般都有这种体会,食用用农家肥或者饼肥种出来的瓜很甜,用生物有机肥栽培出的草莓和黄瓜味道很好。有人在种植中药巴戟天时施用了生物有机肥,结果巴戟天的有效成分——甲基异茜草素-1-甲醚、醇溶性糖及多糖等成分均比施用化肥有明显增加。安徽省土壤肥料总站经过多年的有机肥试验、示范表明,西瓜施用有机肥比不施用有机肥的甜度高4.5%,梨施用有机肥比不施用有机肥的糖分高出5.6%,且纤维素少,爽甜可口,酸度小。在蔬菜上施用生物有机肥,可使菜苔中的硝酸盐含量下降40%,重金属汞、镉、铅的含量依次下降26.9%、83.9%、9.19%,同时还可提高黄瓜、西红柿等果蔬的糖酸比。

第三章　植物(种植业)与细菌 | 85

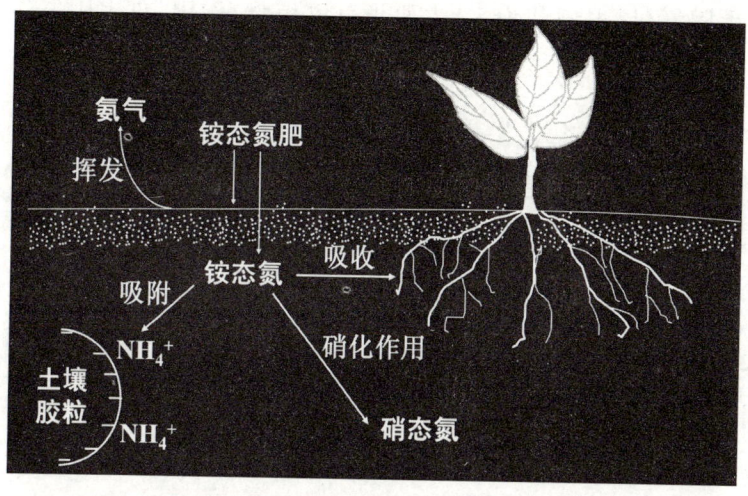

图 3-8　土壤中铵态氮肥变化示意图

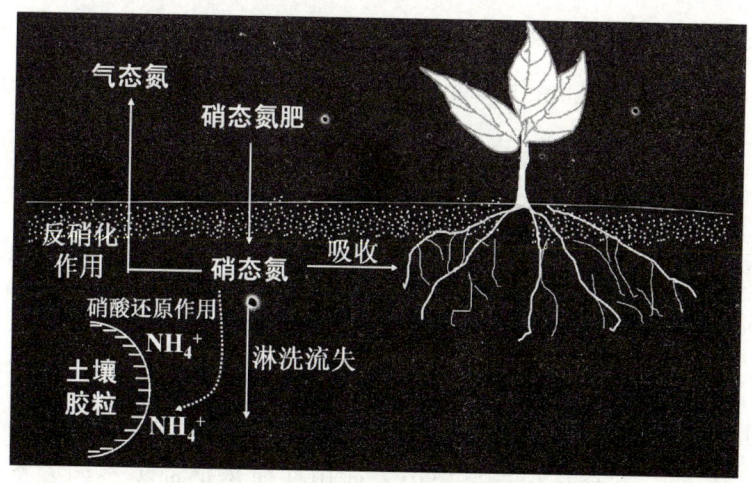

图 3-9　土壤中硝态氮肥变化示意图

(四) 提高肥料利用率

生物有机肥具有固氮、解钾、活磷等作用。固氮作用主要有共生固氮(以根瘤菌为主,主要指豆科植物)作用、自生固氮作用和联合固氮作用三类。生物有机肥一般可将氮的利用率由20%提高到30%以上,磷、钾的利用率由20%提高到40%左右,并使其他微量元素有效期相应延长。

(五)减少或降低植物病虫害的发生

生物有机肥中含有大量有益菌,在菌群优势效应作用下,可大大减少病害发生,提高植物的防病抗病能力,发挥生物防治作用。这类益生菌作用于病原菌的方式主要有以下三种:(1)生物拮抗作用,即产生拮抗物质直接抑制病原菌生长;(2)竞争作用,即从营养吸收利用等方面抑制病原菌生长,一般情况下病原菌的生长速度很快;(3)寄生作用,即以病原菌寄生,直接寄生在病原菌身上导致其死亡。(图3-10)这三种抗病防病作用方式常常是交叉的。

当然,在使用生物有机肥的同时,还应大力推广使用生物农药,进行农作物病虫害的生物防治。如技术成熟、效果可靠的苏云金杆菌、球孢白僵菌、EM菌等。

近年来,我国通行的"有机食品"标准,就是指在未经污染的自然环境(包括土壤、空气、水)下,不使用化肥、农药,不使用转基因种子,在食品加工过程中不使用任何添加剂生产的安全食品。有机农业就是遵照一定的有机农业生产标准,在生产中不采用基因工程获得的生物及其产物,不使用化学合成的农药、化肥、生长调节剂、饲料添加剂等物质,遵循自然规律和生态学原

第三章 植物(种植业)与细菌 | 87

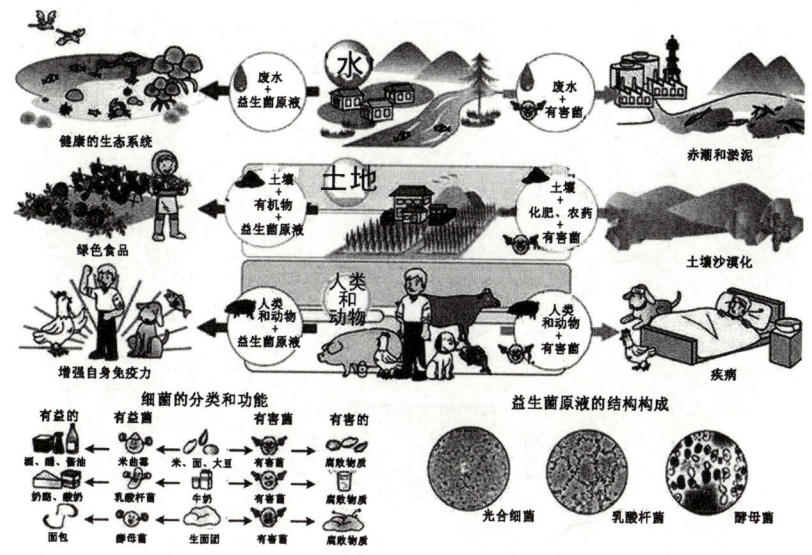

图 3-10 益生菌原液的强大力量

理,协调种植和养殖业的平衡,采用一系列可持续发展的农业技术以维持持续稳定的农业生产体系的一种农业生产方式。(图 3-11)

通过有益菌的处理将农作物秸秆、牲畜粪便等有机废弃物转变成生物有机肥,使之无害化、资源化,既解决了种植业的"秸秆焚烧"、养殖业的"环境污染"问题,同时也增加了种养业的附加值,实在是一件一举多得的好事情。同时,植物秸秆通过细菌发酵作用还田或牛羊过腹还田,可提高土壤有机质含量,改善土壤物理性状,增加土壤细菌,连施几年后可使土壤变得疏松、易于耕种,病虫草害较少发生。加上正确使用生物有机肥,可以明

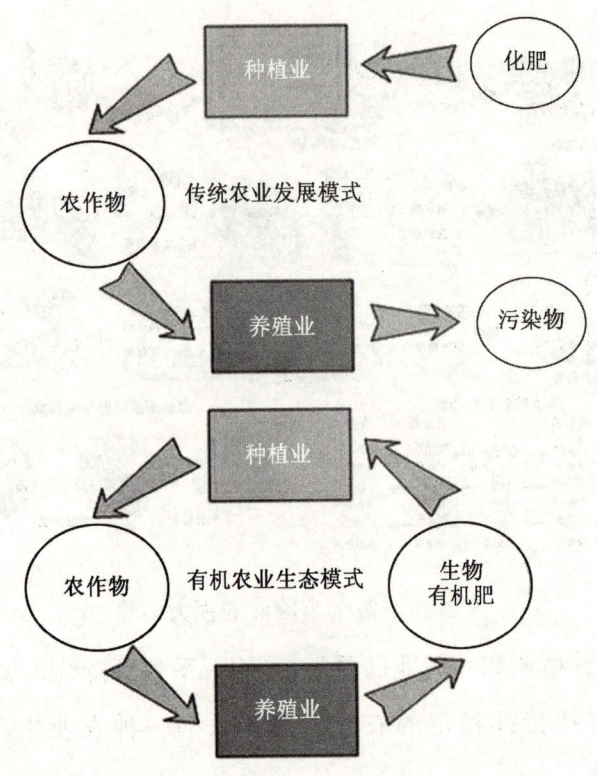

图 3-11　传统农业发展模式与有机农业生态模式对比

显提高农产品的产量和品质,彻底打破过去"高产不优质、优质不高产"的魔咒,因此具有很好的经济效益、社会效益和生态效益,它能使我国农业生产走上一条"资源节约、环境友好"的真正可持续发展的道路。

第四章
环境与细菌

一、细菌丰富了姹紫嫣红的大千世界

曾在地球上生活过的生物种类可能多达 5 亿～10 亿种。这么多的生物从无到有,从少到多,从简单到复杂,从低等到高等,进行着自然界的"新陈代谢",而细菌则是一切生物进化的基础。它不仅是一个分解者,还是一个伟大的合成者,正是细菌完成了自然界的碳链循环,没有细菌帮忙,我们这个世界将面目全非、不可想象。

地球从"原汤(生命的起源)"发展到今天生物多样化的世界,大约经历了 35 亿年的沧桑岁月。回首生命的历程,无疑是一幕瑰玮绝妙的伟大戏剧,而这一过程的表演,很大程度上是那些看不见、摸不着的细菌的杰作。我们已经知道地球上现存的有记载的生物种类大约有 200 多万种,还有许许多多的生物没有被发现,其数目可能要比已经发现的多10倍,更何况已经灭绝的生物比现存的还要多得多。据估计,曾在地球上生活过的生物种数可能多达5亿~10亿种。这么多的生物从无到有,从少到多,从简单到复杂,从低等到高等,一批又一批"踏上"地球,又"远离"地球走向灭亡,进行着自然界的"新陈代谢",这就是生物的进化,而细菌则是一切生物进化的基础和推手。

细菌的生存本领惊人,它们可生长在各种不同的条件下,甚至恶劣的"极端环境"中。如多数细菌能耐0~-196℃的低温,在海洋深处的某些硫细菌可在250~300℃的高温条件下正常生长,嗜盐细菌甚至能在饱和盐水中正常生活,某些产芽孢菌在干燥条件下可保藏几十年、几百年甚至上千年。

细菌的繁殖速度超乎想象。如大肠埃希氏菌在合适的生长条件下,12~20分钟便可繁殖一代,每小时最少可分裂3次,由1个变成8个。理论上每昼夜可繁殖72代,由1个变成47万亿个,若设10^{12}个的干重为1克,则1天的繁殖量约4722吨;经48小时后,则可产生$2.2×10^{43}$个后代,如此多的细菌的重量约等于4000个地球之重!

细菌几乎无所不能,直到20世纪,人们才逐渐认识到细菌在生物圈中的重大作用,按今天生物化学的观点来看,它既能分解又能合成。细菌分解死亡生物体的有机物质,将其降解为小分子化合物或还原为无机物质,完成自然界的碳循环,没有细菌帮忙,我们这个世界将面目全非、臭不可闻。几乎世界上一切天然存在的有机物质都能被相应的细菌分解掉，甚至许多人工合成的有机物质，也可能找到相应的分解者，如塑料等。因此，利用细菌处理污染物质已成为一个重要的环保手段。细菌不仅是一个降解者和还原者，还是一个伟大的创造者和合成者。如光合细菌和藻类几乎参与了地球上所有叶绿素的合成以及植物中有机物质的积累，为我们人类和其他生物提供了丰富的食粮。我们日常生活中享用的美味佳肴，如酱、醋、酒（啤酒、米酒、白酒、果酒等）、泡菜、红茶、豆豉、腐乳、奶酪、面包、馒头等，无一不是细菌参与的杰作。医药领域许多重要的维生素和抗生素都是由细菌发酵合成的。可以毫不夸张地说，没有细菌就没有丰富多彩的大千世界，没有细菌我们人类将无法生存。

我们知道，自然界的有机物质往往是纤维素、半纤维素、果胶、蛋白质、淀粉、核酸等大分子复合物，这些复合物的分解过程只能是一步一步逐级进行。在好氧条件下把这些复合物彻底分解氧化为 CO_2 和 H_2O，在厌氧条件下全部转化为 CH_4、CO_2 和 NH_4^+ 等物质，这个过程必须由多种细菌相互分工协同，一环接一环地推动完成，这就组成了一个复杂的生物链。如图4-1所示，纤维素厌氧降解为甲烷的过程就是由多种细菌协同完成的。

细菌分布极广，无时不在，无处不有。虽然空气中也存在细菌，但它不是细菌的增殖环境。水和土壤都具备细菌生活所需的各种条件，是自然界中细菌生活的主要"基地"，动植物体和它们的排泄物中也含有很多细菌，有些细菌生活于动植物体内或

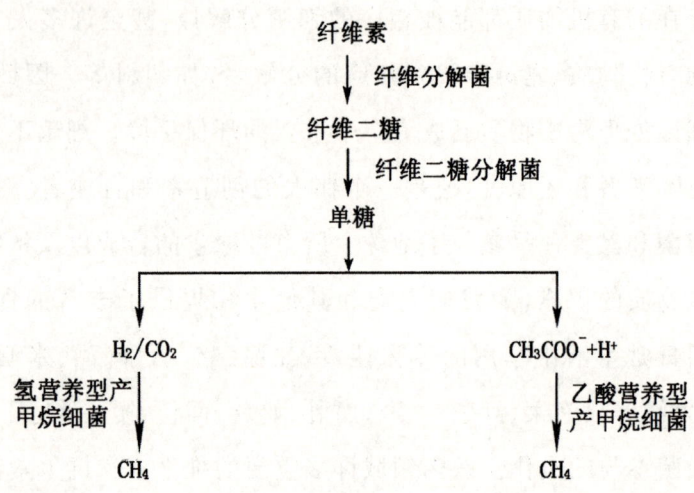

图 4-1　纤维素厌氧降解为甲烷过程中的细菌生物链

其体表,与宿主保持互利互惠关系。

　　自然界中的细菌自始至终都参与着生态大循环。在生态系统的能量流动过程中,动植物身上的细菌消耗及利用宿主的一小部分化学能,而腐生细菌则利用动植物残体中的能量,将有机物质分解为无机物质,还原于自然界。绿色植物所固定的太阳能,通过食物链及细菌分解消耗后,最终有一小部分被贮存起来。

　　此外,一些光合细菌和藻类可作为初级生产者直接摄取太阳能并将其转化为化学能。它们参与形成了这样的食物链:初级生产者(光合细菌与藻类)→浮游生物→较大的无脊椎动物→小鱼→大鱼等。这在池塘生态系统中十分常见。(图 4-2)20 世纪 70 年代,科学家在东太平洋加拉帕戈斯群岛附近的海底热泉周围发现了特殊的深海生物群落。其初级生产完全来自化能合成细菌,它们利用热泉硫化物中含有的能量制造有机物质,为滤食性动物提供食物。

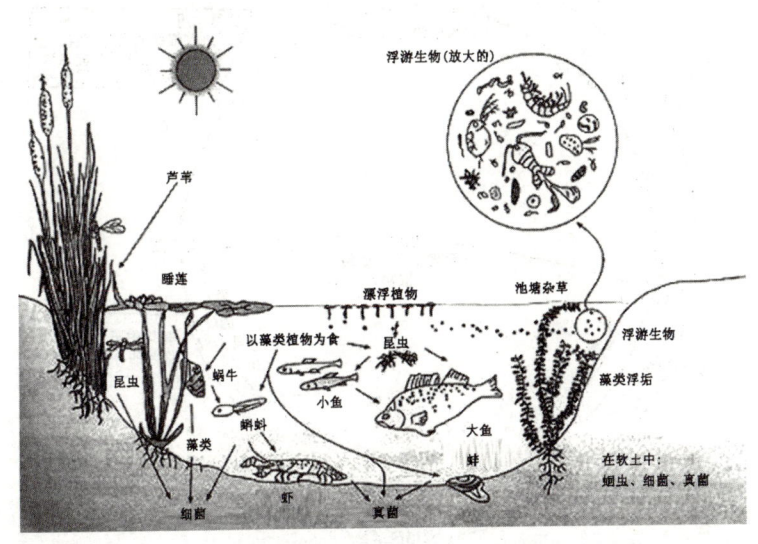

图 4-2　池塘生态系统

在生态系统的物质循环过程中,细菌具有极其重要的作用。如氮循环中几乎每一个重要环节都有细菌参加。植物一般不能直接利用大气中的分子氮;氮必须通过生物固氮、高能固氮(如闪电、火山爆发时出现的固氮)或工业固氮(将分子氮转化为氨或硝酸盐)等过程,才能为植物所利用,而能够进行生物固氮作用的主要是固氮细菌和蓝藻。动物排泄物和动植物尸体(均为含碳和含氮元素的有机质)经细菌分解而释放出氨,氨又先后由亚硝酸细菌和硝酸细菌转变为硝酸盐才能为植物所利用。(图4-3)许多人不知道这样一个事实：地球上 20% 的二氧化碳是由细菌产生的。

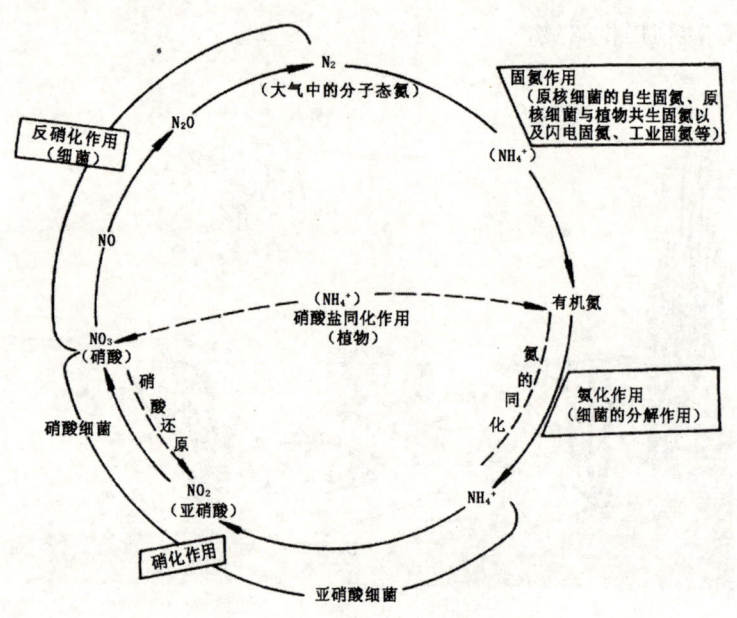

图 4-3　自然界的氮循环过程

在生物进化史上，细菌是最先出现的，不过目前存在的细菌可能大部分已不是原初的种类，而是经过几十亿年漫长进化的产物。岩石经物理、化学及生物等风化作用才逐渐转化为土壤，其中细菌的长期作用有着重要意义。细菌产生的各种酸性代谢产物，能酸化自然水，成为重要的风化因子。岩石风化后，一部分矿物质变为可溶性物质，又为细菌提供了所需要的各种矿物

第四章 环境与细菌

元素。细菌促进腐殖质的形成与分解,改善了土壤结构,逐渐提高土壤肥力。土壤中存在着种类繁多的细菌、藻类和原生动物等,它们已经形成了高度有秩序、按比例分配的细菌生活群落。

如前所述,植物根际群落的建立是细菌生态进化的一个明显事例。细菌种群之间的相互关系颇为复杂,主要表现为在同一环境中相互间受益或受害,总体而言,细菌种群间的相互关系类型按照共生关系和竞争关系可划分为中立、栖生、互生、助生和竞争、偏生、吞噬、寄生 8 种。中立指两种或两种以上的细菌处于同一环境时,相互间不发生任何影响。常见于营养需求不同的细菌。细菌间的中立关系不是一成不变的,一旦环境条件发生改变,细菌的代谢活动增强,它们之间的平衡关系即被打破,这样原来的中立关系可能就被竞争或其他关系所替代。栖生指两种细菌共同生长时,一方受益,另一方不受任何影响。对受益方而言,另一方为其提供了一些基本的生存条件,而对另一方而言,既不受益,也不会受到损害。栖生是一种单向的、非固定的相互关系,在细菌间十分常见。互生指两种细菌共同生存时可互相受益。互生不是固定的关系,两种细菌均可单独存在,形成互生关系时又可使对方受益。助生指两种或两种以上共同生长的细菌相互受益的专性关系。助生是有选择的固定关系,助生双方都不能由其他细菌所取代,彼此不能分离,双方在生理上互相分工,互换生命活动物质,作为一个整体而共同活动。竞争指两种细菌共同生存时为获得能源、空间或有限的生长因子而发生的争夺现象。竞争双方都受到不利影响,结果形成竞争排斥和竞争条件下和平共处两种结果。偏生指两种细菌共同生长时,一方产生抑制对方生长的因子,前者本身不受不利影响或者受益,而后者的生长受到不利影响。吞噬指一种细菌吞入并消化另一种细菌。前者为吞噬者,后者为牺牲者,前者从后者获取营养成分。寄生由宿主细菌和寄生细菌两方面组成,一般情况下,寄生细菌比宿主小,进入宿主体内的叫内寄生,不进入宿主体内的叫外寄生。寄生细菌从宿主身上获得全部或者部分营养,寄生过程中宿主受害,寄生细菌受益。(表 4-1)

表 4-1 微生物种群间相互关系的类型

相互作用类型		相互作用影响	
		种群 A	种群 B
共生关系	中立	○	○
	栖生	○	＋
	互生	＋	＋
	助生	＋	＋/－
竞争关系	竞争	－	－
	偏生	○/＋	－
	吞噬	＋	－
	寄生	＋	－

注:"○"表示"无影响","＋"表示"有益","－"表示"有害"。

没有污染的肥沃土壤是细菌的宝库。土壤中细菌约占细菌总量的 70%～90%,主要是腐生性种类,少数为自养性。细菌的平均体积为 $0.2\sim0.5\mu m^3$,根据这点来估计土壤中细菌的生物量,每克耕作土壤中平均含 300 万个细菌,体积为 0.6～1.5mm³,活重约为0.6～1.5mg。以每亩土壤耕作层土壤约重 15 万千克计,则在每亩土壤中,细菌的活重为 90～225kg。以土壤有机质含量为 2％ 计算,则所含细菌的干重约为土壤有机质的 1％ 左右。

  细菌的遗传具有多样性。一个细菌群落的遗传多样性指数可用整个细菌群落的 DNA 的异源性表示,从样品中获得整个细菌群落的总 DNA,代表了这个群落的总基因库。美国科学家用此法测定了直接从土壤提取的 DNA 异源性,发现了相当于 4000 种完全不同的土壤细菌基因组,这表明此土壤细菌群落中可能有 4000 种不同的种群。在特定生态环境条件下的细菌生态系统,起着其他生态系统如植物生态系统、动物生态系统等起不到的作用,尤其在环境受到污染时,细菌生态系统可以起到有效消除污染物的作用,而且细菌生态系统本身也有着不同于其他生态系统的明显特点。

  环境对细菌有着显著的影响。在不同环境条件下的细菌生态系统,其成分、数量、活动强度和转化过程等具有较大差异。如陆地环境中与水域环境中的细菌生态系统不会相同。即使同是水域,由于海水环境和淡水环境中的理化因素和基质成分不一样,对细菌的选择就不一样,结果组成的细菌生态系统就有着各方面的差异。因此,一般来说,每一个特定的生态环境,都有一个与之相适宜而区别于其他生态环境的细菌生态系统。同一个生态环境中其中某一因素的变化,也可能会引起细菌生态系统中组成成分或代谢强度、最终产物的改变。例如,环境受时间的周期性变化的影响,细菌生态系统中的优势群体往往会随温度变化而产生周期性演替。

我们知道,细菌对外界环境压力具有一定的抵抗性和修补能力,当环境压力没有超出一定范围时,细菌生态系统能够抵抗这种压力而使整个系统仍然保持稳定。然而,一旦环境压力超出其可抵抗的范围和极限,整个完整的细菌生态系统可能由于部分细菌类群的死亡或失去活性而丧失部分系统,严重时甚至导致细菌生态系统崩溃。如常年大量施用化肥、除草剂、杀虫剂、杀菌剂等,造成土壤严重板结,团粒化、保墒性、透气性等极差,不但植物品质严重下降,而且极易发生土层流失等,这就是土壤生态系统失活或崩溃的一个直观现象。

二、我国目前严峻的生态环境现状

> 水土流失严重、土地荒漠化、草场退化、森林资源危机、北方水资源短缺、土壤农残污染严重、生物多样性减少等构成我国目前严峻的生态环境现状。

改革开放30多年来,我们赢得了较为快速的发展,生产力也得到了极大提高,但由于环保意识不足,目前环境破坏现象十分严重,损失巨大。统计资料显示,2004年我国环境污染造成的直接经济损失竟相当于当年GDP的3.05%! 随着当前我国新一轮大规模城镇化的推进,以城市为中心的"三废污染"还在继续恶化,并向周边及农村迅速蔓延,治理速度远远赶不上污染速度,生态破坏的范围不断扩大,程度不断加剧。值得庆幸的是,越来越多的人意识到了生态环境的重要性,尤其党的十八大报告,首次论及"生态文明",并将其提升到国家战略层面。目前,我国已在顶层设计上为生态文明建设打下了良好基础并指明了发展的方向,开始了全面建设与部署。2015年5月6日,国家发改委主任徐绍史在接受新闻媒体采访时说:我国"生态系统退化。森林总量不足,草原退化、水土流失、荒漠化等问题严峻,全国生态整体恶化趋势未得到根本遏制"①。

生态环境破坏和生态失调是影响可持续发展的主要障碍。生态破坏主要表现在水土流失、土地荒漠化、草场退化、森林资源危机、水资源短缺、生物多样性减少等方面。生态破坏的根本内因,在笔者看来,当是环境中的植被被破坏、细菌和益虫遭到大量灭绝或生态系统崩溃。

(一)水土流失严重

水土流失对于耕地、生态的破坏巨大,然而我国却是世界上

---

① 周锐:《徐绍史解读中国生态文明战略:两大亮点+关键制度》,见中国新闻网,访问日期:2015年12月2日,http://www.chinanews.com/gn/2015/05-06/7256447.shtml。

水土流失最严重的国家之一。据统计,我国水土流失面积,新中国成立初期为116万平方千米,到了20世纪90年代初期达到150万平方千米,2010~2012年开展的第一次全国水利普查数据显示,已达到294.91万平方千米,占国土总面积的30.72%,也就是说全国1/3的国土面积均处于水土流失的损害之下,并呈逐年上升趋势。因水土流失,全国年均损失耕地100万亩,土壤的年流失量达50亿吨以上,等于全国耕地每年被刮去1厘米厚的土层,其中流失的氮、磷、钾肥料元素的量相当于4000万吨的化肥,意味着全国化肥施用量超过一半因被冲走而白白浪费。

从区域划分来看,我国水土流失严重的地域主要为西北黄土高原、江南丘陵山地和北方土石山区。如黄河,每年被输入的泥沙量达16亿吨,为世界河流之冠,中下游河床因大量泥沙的沉积每年约抬高10厘米,尤其开封段,高出开封市区地平面7~8米,最高处达10米以上,成为一条在开封人头顶日夜汹涌流过的"悬河"。(图4-4)长江流域也不容乐观,土壤流失日趋严重,流域内水土流失面积达53.1万平方千米,土壤年流失量

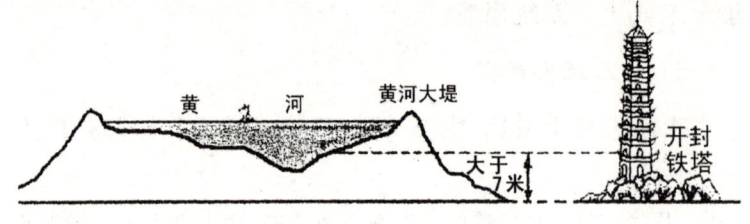

图4-4 "地上河"示意图

为 24 亿吨，其中 5 亿吨被带入东海。中国科学院早在 1979 年就发出了"长江会变成第二条黄河"的警告。水土流失的原因，除自然因素外，主要在于土地和植被的人为破坏等。我国长江上游的四川、云南是仅次于东北地区的森林地带，由于森林迅速减少，这两个省份的水土流失现象严重，有的地方甚至趋于恶化。1999 年调查数据显示，四川、云南水土流失面积分别达 22.27 万平方千米和 14.13 万平方千米。（表 4-2、表 4-3）

表 4-2 云南省水土流失按强度分级的状况

侵蚀强度	轻度侵蚀	中度侵蚀	强度侵蚀	极强度侵蚀	剧烈侵蚀	总流失面积
面积/km²	79982	52659	8111	408	174	141334
所占比例/%	56.59	37.26	5.74	0.29	0.12	100

表 4-3 云南省六大流域水土流失的分布状况

流域	流域面积/万 km²	水土流失面积/km²	占流域面积/%	占水土流失总面积/%
长江流域	11.20	42930	38.33	30.37
珠江流域	5.80	23361	40.28	16.53
澜沧江流域	9.10	25804	28.36	18.26
红河流域	7.45	33160	44.51	23.46
怒江流域	3.30	10941	33.16	7.74
伊洛瓦底江流域	1.88	5138	27.33	3.64
合计		141334		100.00

作为世界三大黑土区之一，我国东北黑土区总面积约 103

万平方千米，分布在黑龙江、吉林、辽宁和内蒙古境内，粮食年产量约占全国1/5，是我国重要的玉米、粳稻等商品粮供应地，粮食商品量、调出量均居全国首位。

由中国科学院、东北农业大学、吉林省农业科学院等院所专家联合调研形成的"东北黑土资源利用现状及发展战略研究"指出，东北黑土地初垦时黑土厚度一般在60～80厘米，开垦20年的黑土层则减至60～70厘米，开垦70～80年的黑土层只剩下20～30厘米。

2012年，黑龙江省土肥管理站站长胡瑞轩在接受《经济参考报》记者调查采访时感慨："新中国成立初期，黑龙江省黑土层大都1米多厚，现在找半米深的都难了，水土流失严重地区只剩下表皮薄薄一层，颜色也由黑变黄。"形成1厘米的熟化黑土层大约需要50年，半米就得上千年，而现在东北黑土区平均每年流失0.3～1厘米的黑土层。据测算，如果不及早治理，黑土层或将在几十年后流失殆尽，我国将失去最肥沃的产粮地。

黑土层变薄，即黑土地的有效耕种层变薄，直接导致支撑粮食产能的有机质含量降低，微生物区系被破坏，土壤肥力下降，这种趋势必然影响到我国未来的粮食战略安全。黑龙江省土肥管理站的检测显示，从1982年第二次土壤普查到2007年的25年间，东北黑土区部分耕地土壤有机质已相对下降2成，严重地区下降6成。吉林省一些地方的水稻田，过去一亩用30多千克的化肥，如今已经翻番到60千克了，否则将减产一半。

据了解,吉林省位于东北黑土区中部,"十一五"期间完成小流域综合治理840条,治理水土流失面积5600多平方千米,但黑土地水土流失还没有得到有效控制,全省仍有3.15万平方千米的水土流失面积急需治理。

(二)土地荒漠化

目前,我国是全球土地荒漠化严重的国家之一,荒漠化土地面积达262.2万平方千米,占国土面积的27.3%,主要分布在西北、东北和华北地区的13个省、区、市,目前仍在扩展。风沙区生态环境脆弱,耕地萎缩,人民生活受到极大影响,全国有60%的贫困县集中在风沙地区,4亿人口受到荒漠化的危害。据动态观测,20世纪70年代,我国土地荒漠化扩展速度为1560平方千米/年,到了21世纪初期,达到3436平方千米/年,基本上每年有一个中等县的土地面积荒漠化。我国北部被沙漠包围,荒漠化最严重的地区是包括内蒙古、甘肃、宁夏、青海、新疆等5个省、自治区在内的干燥地带。历史上著名的丝绸之路,如今荒漠化肆意蔓延。20世纪50年代,敦煌红柳一度茂盛,如今,那些曾被称为"红柳园"的地方是一片荒芜,方圆三四十千米也找不到红柳的踪影。农田和村落逐渐被沙海吞没,如库木塔格沙漠、柴达木沙漠不断向东向南扩大,风沙和热风逐年加剧。内蒙古科尔沁沙地已经越过内蒙古与辽宁的边界线,正以年均30米的速度向南推进,威逼沈阳。土地荒漠化所带来的危害,已绝不是危言耸听或是距离我们遥远的事情。近些年来,我国北方地区遭受沙尘暴侵袭的势头猛烈,仅2015年春季,就出现了7次沙尘天气,其中2次为强沙尘暴。首都北京亦深受其害,并成为人们尤为关注的焦点。从20世纪50年代到20世纪末,北京年均28天为风沙天气,进入21世纪,沙尘天气频频来袭,有时甚至一连数日,且危害程度愈演愈烈。尤其近几年,曾有一夜降尘总量达33万吨的记录,沙尘暴一旦来袭,行人、高楼都被弥漫的"沙尘帐"所笼罩(图4-5),打开电脑,"北京下沙了""北京遭遇最强沙尘暴"等不绝于耳。由于沙尘暴不断肆虐,因此,甚至有专家学者在谈论北京若干年后的"迁都"可能。

（三）草场退化

长期以来,由于一直采取自然粗放经营的方式,重利用、轻建设,重开垦、轻保护,我国草地资源面临严重的危机,草地退化面积占可利用草地面积的1/3,并有继续扩展之势。显然,如果不及时采取有效措施治理,草原牧草产量将会继续下降,草原生态环境将更加恶化。

图4-5 沙尘侵袭下的北京

第四章 环境与细菌 | 105

我国青海省玛多县地处黄河之源,属高原大陆性半湿润气候。20世纪80年代,共有大小湖泊4077处,水草丰美,畜牧业发达,人均保畜量较多,人均收入在全国曾经连续多年排在前列,是全国有名的畜牧先进单位和牧区富裕县。但自20世纪90年代开始,由于干旱加剧,湖泊干涸,草场过牧超载,加上鼠害蔓延,草原大面积沙化,现退化草场面积已占草原总面积的70%,玛多县迅速沦为全国十大贫困县之一。玛多人在创造、享受文明发展带来的丰硕成果后,又不得不吞下因生态恶化、物质贫瘠致贫的苦果,这不能不给予我们以警示。

(四) 森林资源危机

我国是世界上人均森林面积最少的国家之一。尽管我国的造林和森林保护事业取得了很大的成绩,森林覆盖率在10年时间里从12.98%上升到13.92%,但用材林面积缩小,森林质量下降,森林资源面临的形势依然非常严峻。

(五) 水资源短缺

我国人均淡水资源不足世界人均水资源的30%,水资源空间分布极不均衡且利用效率低下,北方地区严重缺水,对工农业生产和人民生活造成很大影响。据统计,目前我国600多座城市中,有400多座供水不足,其中100多座城市严重缺水,西北、华北、东北等北方城市几乎全都缺水,年缺水量约60亿立方米,北京市人均用水量只相当于一些发达国家首都的1/3,农村有3.6亿人喝不上符合卫生标准的干净水。淡水资源不足已成为影响我国许多地区社会和经济发展的重要因素,防止水污染,保护水资源环境成为当务之急。

(六)土地被农药污染

如前所述,我国长期过量施用的农药尤其高毒、高残留、难降解的农药,已大大超过了我国环境的自净能力——环境的容量,我们面临着不断增加的土壤、地下水和大气农药污染的环境问题。有机氯农药的大量施用,曾对我国的农田土壤环境造成全国性的污染,1980年达2亿亩,1983年禁止施用后,土壤中的有机氯农药含量不断下降,但由于长期残留的特性,其对我国土壤的污染仍将持续相当长时间,不少地方仍十分严重。尽管一系列低毒、高效、不易残留的农药新品种被研发出来并投入使用,但其污染问题也不容忽视。2000年,太湖流域农田土壤中15种多氯联苯同系物检出率为100%,HCH、DDT超标率分别为28%和24%,上海市郊区农田中的DDT含量严重超标,南京市菜地土壤中HCH和DDT的检出率均为100%。当前,我国耕地土壤农药污染处于有机氯农药与替代农药品种共存的状态。粗略统计,受农药污染的土壤面积仍有1300万~1600万亩,经济损失达10亿元之巨。

农药对土地污染的危害巨大。2001年,联合国环境规划署(UNEP)通过的《关于持久性有机污染物的斯德哥尔摩公约》(POPs公约)列出了12种优先控制持久性有机污染物,其中农药占了9种,即艾氏剂、六氯苯、氯丹、灭蚁灵、狄氏剂、毒杀芬、

DDT、异狄氏剂、七氯;另外,20种被列为潜在持久性有机污染物中农药也占据了大部分。这些农药等持久性有机污染物质具有典型的憎水亲脂特性,易吸附于土壤颗粒,在环境中长期存在。土壤农药污染直接导致农产品中农药超标,产品品质下降。除对人体构成潜在威胁外,农药残留导致的间接生态环境破坏的程度更是无法估量。土壤农药污染的修复将长达几十年甚至上百年,将是留给子孙后代的一道棘手的难题。

(七)生物多样性减少

所谓的生物多样性,就是指地球上生命形式和生态系统的多样性,包括基因多样性和物种多样性。我国有国土面积960万平方千米,横跨热带、亚热带、暖温带、中温带、寒温带,还有一个高原垂直温度带,是生物多样性特别丰富的国家之一。然而,由于生态环境大面积破坏和退化,以及森林资源稀少、野外动植物失去生存家园,我国15%~20%的动植物物种处于濒危状态,远高于10%~15%的世界水平。如海南黑冠长臂猿、海南黑熊、大象等已大大减少,望天树、龙脑香、麋鹿、野马、新疆虎等珍稀动植物濒于灭绝或基本灭绝。2015年5月22日,环保部联合中国科学院发布了《中国生物物种名录2015年版》和《中国生物多样性红色名录》。"红色名录"由我国500多位相关领域的专家历时5年完成,对我国34450种高等植物和除海洋鱼类以外的4357种脊椎动物的受威胁情况进行了评估,结果显示,我国已有27种高等植物和4种脊椎动物灭绝,裸子植物和两栖动物受威胁比例最高,分别达 51% 和 43.1%。

生物多样性减少的原因,除人为破坏和干扰外,还在于环境污染与外来物种的入侵。环境污染会导致生物多样性在遗传、种群和生态系统三个层次上降低,一方面生物对突然发生的污染在适应上会存在较大局限性,另一方面污染会改变生物原有的进化和适应模式,诱使生物多样性朝着污染主导的条件发展,从而偏离自然或常规轨道。尽管历史上不乏外来物种引进的成功实例,但是外来物种的入侵终究是一个扰乱当地生态平衡的过程,任何地区的生态平衡和生物多样性都是经过几十亿年演化的结果,外来物种由于缺少或者没有天敌而泛滥成灾,对于当地生物多样性而言常常是灭顶之灾。2009 年 5 月 22 日,国际生物多样日的主题是"保护生物多样性,防止外来入侵物种",足见外来入侵物种对世界各国所带来的困扰和造成的危害。据世界自然资源保护联盟报告,外来入侵物种给全球造成的经济损失每年超过 4000 亿美元。在我国,从南到北,从东到西,外来入侵物种几乎随处可见,水葫芦、福寿螺、飞机草、河鲈、三裂叶豚草等制造了一系列的环境事件,每年造成的经济损失高达 2000 亿元。

环境污染除会给生态系统造成直接的破坏和影响,如土地沙漠化、森林破坏外,还会给生态系统和人类社会造成间接的危害,有时这种间接的环境效应的危害比直接造成的危害更大,也更难消除。例如,温室效应、酸雨和臭氧层被破坏就是由大气污染这根苦藤结出的恶果。

（八）环境污染与"蜂群崩溃综合征"

从2006年开始，美国国内35个州的养蜂人都不同程度地发现自家蜜蜂飞走以后就再没有回来。数百万蜜蜂不但没有留下任何与去向相关的痕迹，而且生死未卜。除了美国，蜜蜂消失现象在德国、瑞士、西班牙、葡萄牙、意大利和希腊等国家和地区也相继发生。在西班牙，数千个蜂群失踪。在瑞士，大约40%的蜜蜂已经失踪或死亡。英国各地的养蜂者也都发现，在没有疾病等明显原因的情况下，大量蜜蜂舍弃"家园"而去，仅苏格兰就有数千只蜜蜂神秘"失踪"。从2007年开始，科学家在美国、欧洲和澳大利亚等地的蜜蜂中，每4只中选择1只进行跟踪试验，结果显示，美国每年约有30%的蜜蜂消失了。蜜蜂消失后，庄稼可能无法成熟，苹果、蓝莓、桃子等水果也可能无法授粉结果。

蜜蜂消失现象，我国亦无可避免。中国农业科学院蜜蜂研究所的专家表示，数据调查表明，我国蜜蜂数量从20世纪90年代初的750万群减少到21世纪初期的680万群左右，10多年的时间，减少了10%。而依据我国草场、森林和农作物的数量，载蜂量应该在1000万群左右。科学家们大胆预言，按照目前蜜蜂消失的速度，蜜蜂消失带来的危害在短时间内比全球气候变暖更为严重。

那么，什么原因使蜜蜂种群大幅度下降呢？其原因至今不明,推论极多,但科学家比较一致的结论是环境污染恶化,这些污染源主要包括杀虫剂、手机等辐射和转基因作物等。

1. 疑凶一:杀虫剂

加拿大安大略省养蜂专家杜森推测,美国成年蜜蜂消失的原因可能与神经中毒有关,而导致蜜蜂神经中毒的最可能原因又与杀虫剂的广泛使用有关。杜森经营的蜂蜜公司目前正接受安大略省政府委托,研制一种可以抑制虫害,又不伤害蜜蜂成长环境的产品。

美国宾夕法尼亚州大学的昆虫毒理学家克里斯·莫林教授也支持此观点,并做出了推测:蜜蜂最可能的致死原因是植物中存在的一种特殊化合物,这种化合物能够经过植物的循环系统传递到新长出的叶子或花朵里,而蜜蜂在采蜜时遭到了这种特殊物质的感染。如新烟碱类杀虫剂,农民通常使用这类化学药物灭除农作物害虫、预防白蚁、保护高尔夫球场草地等。目前,在欧洲和美国应用最广泛的新烟碱类杀虫剂之一是"益达胺"。20世纪90年代末,法国科学家已经发现,益达胺虽然不会导致蜜蜂死亡,但是会伤害蜜蜂的神经系统,导致蜜蜂迷失方向、无法回巢,最后在寒冷的户外死去。

美国有研究人员推测,蜜蜂可能接触了某种杀虫剂,这种杀虫剂虽然没有导致其死亡,但损坏了它的免疫系统,因此蜜蜂辨别方向和飞行的能力下降,在飞行途中迷路。我国农林业目前普遍使用高毒农药,也给蜜蜂生存造成了极大的危害。研究表明,农业病虫害防治广泛使用的农药,是蜂群数量下降的重要因素之一。

2. 疑凶二:手机等辐射

一些科学家表示,手机和其他高科技产品的辐射也可能是造成蜜蜂大量失踪的罪魁祸首。有试验表明,当把手机放在蜂巢附近时,蜜蜂就不愿回家。德国科布伦茨—兰道大学2007年公布的一项研究显示,手机发出的辐射会干扰蜜蜂的导航系统,使其无法回巢。项目负责人约亨·库恩斯教授说,这项研究或许能为答案的揭开提供一些线索。科布伦茨—兰道大学的研究人员发现,蜜蜂若靠近电线,行为就会改变。科学家发现美国3G手机开始普遍使用和蜜蜂消失的时期正相重叠。

3. 疑凶三:转基因作物

《纽约时报》曾发表过一则消息,称一些专家猜测美国许多养蜂农场大量蜂群不明原因地消失和死亡可能与大量种植的转基因作物有关。德国养蜂人海弗克认为,养蜂场周围的土地肯定有某种物质,导致蜂群无法生存,最有可能的是抗虫害的转基因玉米。在美国,种植的玉米中大约40％是转基因玉米,而德国转基因玉米数量仅为0.06％。

蜜蜂的大量减少将对生态造成严重影响。蜜蜂是地球上最重要的花朵授粉昆虫之一,人类有35％的粮食要靠昆虫传递花粉才能生产,其中80％的授粉工作由蜜蜂完成。蜜蜂的授粉对于果园、农作物、濒危物种保护、城市园艺以及生态恢复都具有重要意义。如果蜜蜂消失,人类将只能存活4年,不管这句话为何人所言,但其观点绝非空穴来风。蜜蜂数量的大量减少将对环境产生巨大影响。如果蜜蜂灭绝,农作物、草料将无法生长,家畜也将因此灭绝。蜜蜂的大量失踪还将使人类生态系统的未来受到威胁,农作物可能因此大量减产,人类最终将面临大规模的食物短缺。虽然这些还算不上世界末日,但因蜜蜂灭绝而引发的危机与灾难谁也不愿看到。人们不仅开始从经济、战略角度去考虑粮食问题,更将蜜蜂这一看似"微不足道"实则在生物链中举足轻重的小动物纳入整个人类的生态环境中去审视,高度重视对于蜜蜂的保护,并在世界范围内建立蜜蜂保护区,纷纷出台一系列拯救蜜蜂的行动计划。预言也许还很遥远,但拯救蜜蜂真的不能再等了,因为这同时也是在拯救我们人类自己。

三、思考与对策

我们所处的生存环境日益恶化,本质是宏观生态系统遭到人为破坏所致,水体污染,水土流失,森林湿地减少,荒漠化加剧,我们看到的这些宏观生态现象,其实是土壤里、水体中、植被上我们看不到的微观生物系统失调或崩溃实质的表象。

由于生产力的巨大提高,在人类200年、中国60年的快速"现代化"发展过程中,对生态环境造成的破坏已远远超过过去数千年累加的总和,生态修复更是任重道远。目前我们已无退路可走,必须悬崖勒马、痛定思痛、深刻反省。我们必须改变这种粗放的经济发展模式,要金山银山,更要绿水青山,彻底摒弃"唯GDP论英雄"的发展观。在经济发展与环境保护这对矛盾中,我们不妨借助古代先贤"天人合一"的理念和智慧,正确处理好天、地、人之间的关系,在发展策略和方法上,更要借助现代生物技术,尤其不要忘记请出人类的好朋友——细菌来帮忙。

巴西环保之父、著名生态学家何塞·卢岑贝格在《自然不可改良:经济全球化与环保科学》一书中谈到的一段精彩描述,相信许多人都会有同感:"在孩提时代,我常常花几个小时的时间用来观察水洼和池塘里的水蚤、鱼虫、蝌蚪和孑孓。后来当我从书本中读到这一切时,我已经通过这种方式了解了蚊子的全部发育过程,这是一个令人难以置信的奇迹,一个惊心动魄的历程。令人遗憾的是,今天的孩子们已经失去了直接经历和感知自然的机会。"① 他还谈到:"现代施肥方法的推广是虫害增多的一个重要原因。化学肥料中大量高浓度的水解盐分极易破坏土

---

① 何塞·卢岑贝格:《自然不可改良:经济全球化与环保科学》,生活·读书·新知三联书店1999年版,第6页。

壤中复杂的生物化学过程。因此这种做法应该尽可能地予以避免。在必须施加肥料的地方,可以用粗磷或者岩石粉等不溶于水的矿物肥料代替化肥。在条件允许的情况下,我们可以施用有机肥或者堆肥。通过正确的、有机的田间管理,我们甚至可以不用另外施加其他有机肥而培养出适合于作物生长的腐殖质土壤。最为明智的做法是在一片作业区内种植多种作物,同时把小动物也吸纳到这一循环中来。如果我们可以成功地使植物恢复健康,就可以彻底放弃使用化学农药。我们可以通过采用对人类和自然完全无害的方法,代替颇具危险性且价格不菲的杀真菌剂和杀虫剂,来促进植物的茁壮生长。除草剂无论如何也行不通,我们要确保一年四季都能看到生长在我们土地上的植物生机盎然。"①这难道不是我们每一个现代人所希冀的生态农业种植方法吗?

(一)古代先贤"天人合一"思想给予的启示

"天人合一"是中国哲学的基本精神,也是中国哲学异于西方哲学最为显著的特征之一。中国自唐虞以来,即有"天人合一"的思想,先贤们深刻地洞悉到万物之间存在着内在的必然的本质联系并有其自身秩序和规律。自然有生命的特征,万物处于永恒的生死变化之中,"天行健","生生不息",周而复始,人类

---

① 何塞·卢岑贝格:《自然不可改良:经济全球化与环保科学》,生活·读书·新知三联书店1999年版,第34~35页。

应当尊重、适应自然万物。不仅如此,人类还应当师法自然,做到"人道"和"天道"相符,从这个意义上来讲,"天人合一"思想即古人朴素的"生态伦理观念"。

"天人合一"思想最早提出的应该是老子。《老子·二十五章》云:"人法地,地法天,天法道,道法自然。""天人合一"思想成熟于先秦。《尚书》《诗经》《左传》等中均有诸多论述,诸子百家更从不同角度、不同方面提出并论述了这种思想,无论是积极的还是消极的,它们都强调"人"必须与"天"相认同、一致、和睦、协调。

先贤们将人和自然界看作一个整体,这种生态伦理观念非常鲜明。《庄子·达生》曰:"天地者,万物之父母也。"《易经》强调三才之道,将天、地、人并立起来。天有天之道,天之道在于"始万物";地有地之道,地之道在于"生万物";人有人之道,人之道在于"成万物"。天道曰阴阳,地道曰刚柔,人道曰仁义。天、地、人三者各有其遵循的法则,又相互对应,相互联系。这不仅是一种"同"与"应"的关系,而且是一种内在的生成和实现原则。天、地之道是生成原则,人之道是实现原则,缺一不可。孔子对天有着很深的敬意,认为天就是有生命意义和伦理价值的自然界。孔子说:"天何言哉?四时行焉,百物生焉,天何言哉?"[1]孔

---

[1] 《论语·阳货》。

子还说:"知者乐水,仁者乐山。"①这绝不仅仅是一种简单的比附,而是人的生命存在的需要,因为人的生命与自然界是密不可分的,人与自然在生态关系上是一致的。《论语·述而》曰:"子钓而不纲,弋不射宿。"意思是孔子捕鱼用钓竿而不用网,用箭射飞鸟却不射宿巢的鸟,体现了孔子不滥捕滥杀、保护环境的观念。

孟子更明确地提出"天人合一"的思想。他从人与禽兽的区别出发,认为人性与天相通。"尽其心者,知其性也;知其性,则知天矣。"②在孟子看来,天与人的本质具有内在的共同性和统一性。荀子则提出:"天地者,生之本也。"③也就是说,人和其他生物皆源于自然界,人离不开自然界。人应该发扬"最为天下贵"④的精神,积极主动爱护大自然,做到"下长万物,上参天地"⑤,始终保持与天地万物和谐相处。

董仲舒"天人合一"思想的主要特征是具有反馈功能的"天人感应"宇宙图式,认为人只有认识并遵循这个图式才能获得活动的自由,才能使个体和社会得以保持其存在、变化和发展。这种"天人合一"观重视的是国家和个体在日常活动和行为中与自

---

① 《论语·雍也》。
② 《孟子·尽心上》。
③ 《荀子·礼论篇》。
④ 《春秋繁露·天地阴阳》。
⑤ 《春秋繁露·天地阴阳》。

然及社会相适应、合拍、协调和统一。董仲舒把天、地、人看成是一个有机整体。他说:"为人者,天也,人之人本于天,天亦人之曾祖父也。"①他又说:"天人之际,合而为一。"②"以类合之,天人一也。"③他还表明了天、地、人之间的密切联系:"何谓本?曰:天、地、人,万物之本也。天生之,地养之,人成之。"④意思就是,天地万物是天、地、人相互影响而生的,天定命运,地造环境,而人则来改造万物。

宋儒程颢、程颐则以"仁"为中心,更直接地提出了人对环境、动物的关爱:"仁者,以天地万物为一体。"⑤意思是说要通过人心固有的仁爱之性的扩展,把人与天地万物构成一个有机的整体,这是一种无私的"大我"的天地境界。这里的"仁",不仅包含了人际道德,还包含了"生态道德"。董仲舒在《春秋繁露·离合根》中也强调了这一爱物思想,他说:"泛爱群生,不以喜怒赏罚,所以为仁也。"即广泛地爱护一切生物,才能表现出仁爱来。宋明儒家都有一种普遍的生命关怀和宇宙关怀,他们提倡对于自然界的万物要充满爱,因为万物与人的生命是息息相关的。人不仅要爱人,还要爱护鸟兽、草木、瓦石(建筑)等,凡有生命之

---

① 《春秋繁露·为人者天》。
② 《春秋繁露·深察名号》。
③ 《春秋繁露·阴阳义》。
④ 《春秋繁露·立元神》。
⑤ 《二程集·遗书卷二上》。

物,都要尽力加以爱护,勿使之遭到破坏。这种以平等态度仁爱万物的思想正是人类生态伦理思想的重要先声。儒家把"天人合一"作为人生追求的一种境界,大力倡导"中和",表现在人与自然的关系上,则主张人与自然应和谐相处,对自然资源要取之有节、用之有度,不仅不能破坏自然,而且应使自然按自己固有的方式自由发展,反对将人与自然对立起来。

程颢、程颐所提出的"仁者,以天地万物为一体"的生态观,强调"唯其与万物同流,便能与天地同流"①。"与天地同流"是"仁者,以天地万物为一体"的境界,要实现这一境界,必须与万物"同流"。所谓"同流",就是与万物生命相通相贯,而不要自外于万物,更不要高居于万物之上、对万物宰制。

从我国古代群经中吸收哲学思想演化而来的中医典籍——《黄帝内经》,更是反复强调人要"与天地相应,与四时相副,人参天地"②,"人与天地相参也"③等。《黄帝内经》的"天人相应"学说,可以从两方面来探讨:一是从大的生态环境即天地(大宇宙)的本质与现象来看"天人合一"的内涵;一是从生命(小宇宙)的本质与现象来看"天人合一"的内涵。不过,需要指出的是,《黄帝内经》中的"天人合一"是天与万物、与人生理状态的合一,而不是与人的社会结构的合一。

---

① 《二程集·遗书卷六》。
② 《黄帝内经·灵枢·刺节真邪》。
③ 《黄帝内经·灵枢·经水》《黄帝内经·灵枢·岁露论》等。

国学大师钱穆先生说过:"中国传统思想,既信宇宙乃为浑然一体者,故不喜再做现象与本体之分别。中国人常认为天即在人之中,理即在事之中,道即在器之中,形而上即在形而下之中,亦即本体即在现象中。"①在生态环境惨遭破坏的今天,面对发展与保护的两难课题,古代先贤"天人合一"思想所蕴含的生态伦理观念不正是一剂难得的济世良药么?先贤们"天人合一"的命题归纳起来,表明人是自然界的一种生物,人与自然是不可分割的统一体,把尊重一切生命、爱护自然万物视为人类的崇高道德职责,提倡人与自然和谐相处,对"自然之神"要有敬畏之心,对自然资源要取之有节、用之有度,反对将人与自然对立起来,强调人应当尊重自然、遵循自然规律,以实现人与自然的和谐发展。这对于今天正确处理人与自然的关系具有重要指导意义。要有效保护日益恶化的生态环境,就应重新认识人与自然的关系,要坚决摒弃"人类中心主义",改变人类对自然的错误价值导向,辩证地认识和确立"天人合一"的价值取向,应用"仁爱万物""天人一体"的观点对待自然,加强生态道德建设。我们必须看到,自然界是一个按照自身客观规律发展的有机整体,过分一味地强调"发展是硬道理",将危及人类自身的生存和发展。只有保持"天人合一"的崇高道德境界,才能真正解决我们在发

---

① 转引自《中华百科全书》第1册,中国文化大学出版部1981年版,第574页。

展中所面临的困难抉择。

进入20世纪以后,特别近几十年,面对日益严峻的生态危机,中国古代先贤"天人合一"思想所蕴含的生态伦理观念正越来越受到全世界的重视。美国著名历史学家、生态哲学家林恩·瓦特指出,具有深厚历史渊源的中国文化中关于"人—自然"互相协调的观念,值得全西方人借鉴。现代生态伦理学创始人之一、法国著名哲学家阿尔伯特·施韦兹,在对西方人对待人与自然关系的观念进行反思时,对中国古代先贤追求天人关系和谐一致表示由衷的敬佩和赞赏,认为这种哲学以奇迹般深刻的直觉思维体现了人类最高的生态智慧,称赞它伦理地肯定了世界和人生,是最丰富和无所不包的哲学。

由此可见,包括"天人合一"思想在内的中国传统文化和道德是一种可供开发利用的宝贵资源,借助于它,历史将更好地得以延续,社会的文明成就将更好地得以保存和发展。

(二)利用细菌进行环境修复

我们已经知道,人类在近200年的所谓"现代化"发展中对生态环境造成的破坏,已远远超过几千年对环境破坏的累加。那么,我们该如何利用现代生物技术,对已被破坏的环境进行生态修复呢?健康土壤中聚集在豆科植物根部的固氮菌,可以直接吸收空气中的氮,可人们为什么还要去大工厂购买高价的氮肥呢?自然摄取氮的过程只要在常温、常压下即可进行,相比之下,化学工业中所使用的复合肥合成技术就显得过于"奢侈",它要求高温、高压和巨大的能源消耗。土壤中的细菌只需要利用落到地面的部分太阳能即可达成同样的目的。它可以通过植物根部的代谢将能量输送给植物，或者直接从腐殖质土壤中摄取能量。从空气中摄取的氮可以和缓而不间断地被植物体吸收，而不会破坏植物正常的物质交换。

我们还知道，环境中农药的生物降解虽然与植物和土壤中的微型动物（如蚯蚓和线虫）、藻类等有一定关系，但最主要的降解者则是细菌。由于农药分子的特殊性，一些细菌在降解农药污染物时，要经历比降解一般污染物更为复杂的过程，有时一种细菌只能完成其中的某一个过程，多种细菌的共同作用方能完全降解。

细菌对农药的降解作用可分为两大类：一类是细菌直接作用于农药，大多由酶促反应引起，也称为微生物的农药代谢，一般所说的农药的微生物降解多属此类；一类是细菌的活动改变了物化环境而间接作用于农药。前者属于酶促方式，后者属于非酶促方式，酶促方式是农药细菌降解的主要形式。细菌通过酶系中的特殊酶对农药分子的特殊毒性基团进行代谢，使其失去毒性。在此过程中，细菌将农药分子当作自身所需的碳源物质，并在代谢过程中获得自身生长所需的能量。因此，酶促方式的代谢就是解毒代谢。这是细菌抵御不良环境，避免受农药杀伤的一种抗性机制，属于细菌种群生态适应的表现。

农药本身的物理性质尤其内部化学键、浓度、水溶性、分子极性、生物可利用性、化合物的吸附性、降解代谢的基因池存在与否,以及环境因子(如温度、盐度等)等是影响农药等顽固性化合物生物降解和修复的主要因素。细菌对环境污染物的修复能力,不仅依赖于其自身降解能力,而且与污染物的生物可利用性、细菌与土著微生物之间的竞争能力及其他因素紧密相关。化合物存在的界面尤其重要,不仅影响农药的吸附性,而且影响不同的细菌类群形成和基因的水平转移。因此,污染物的生物可利用性成为成功完成生物修复的重要障碍之一,增加污染物的溶解性和生物可利用性是生物学方法进行成功修复的必要条件。近年来,科研工作者开始关注一些能增强细菌生物降解效果的其他特性,并通过调控细菌的趋化性促进细菌对污染物的生物修复作用,修复效果十分显著。

(三) 科学家对土壤的生物修复研究进展

充分研究降解性细菌的生物学特性为将细菌应用于污染物的实际修复提供了理论指导。经过多年的努力,细菌修复已在许多农药污染土壤的消除实践中取得了成功。截至目前,科学家对农药污染土壤的细菌修复研究主要有以下两个方面的研究重点。

第一,通过添加营养元素等外在条件刺激土著降解性细菌以加速修复效果。Fulthorpe 等从巴基斯坦土壤中分离的细菌都能矿化 2,4-D,并发现添加硝酸盐、钾离子和磷酸盐能增加降解率。加拿大 Stauffer Management 公司研发的农药污染土壤生物修复技术,能够在特定环境中通过激发土著降解性细菌群落的功能实现修复,并在美国专利局获得了3项专利。

第二,通过接种外源降解性细菌达到生物修复效果。1994年,Nasser从污染了氯乙异丙嗪的土壤中分离到混合细菌培养物,将其接种到土壤中可将0.14mol/L的氯乙异丙嗪在25天内完全降解,矿化速度提高了20倍。Shapir等人报道,在受除草剂阿特拉津污染的土壤中投加Pseudomonas sp. ADP进行生物强化,可使90%~100%的阿特拉津消失。Struthers等分离到A.radiobacter J14a,将其接种到只有少量野生降解菌的阿特拉津污染土壤中,发现阿特拉津的矿化速度提高了2~5倍;将其接种到含大量阿特拉津降解菌的土壤中则缩短了降解的延滞时间。1993~1995年,Spadaro在波兰进行了土壤中2,4-D的生物修复田间试验,在厌氧环境下加入厌氧消化污泥,经过7个月的处理,土壤中2,4-D含量从1100mg/kg降低到18mg/kg,并在大规模试验中证实了生物修复的可行性。

我国一些研究单位也进行了大量的生物修复研究。福建农业大学将分离出的有机氯农药降解菌株制成复合菌剂,应用于盆栽试验和田间小区试验,所得到的降解效应类似于纯培养试验,对有机氯的降解率达到了50%~60%。裘娟萍等通过循环富集法筛到的多效唑高效降解菌群,能彻底降解多效唑产生二氧化碳,并建立了受多效唑污染土壤的再生修复技术,35天内土壤中多效唑的降解效果达到86.2%。张卫等从土壤中分离到

1株高效降解阿维菌素的菌株,经鉴定为嗜麦芽寡养单胞菌,土壤接种该优势菌后能够加快阿维菌素的降解。虞云龙等的研究表明根围土壤丰富的细菌对丁草胺的降解具有显著促进作用,根围土壤中丁草胺的降解是非根围土壤的1.63~2.34倍,接种处理后降解速率是非根围土壤的1.68~2.83倍。

(四) 细菌环保事业的前景展望

目前,生物修复在国际上已经进入商业化和产业化阶段,且具有了相当的规模。美国生物修复产业的营业额已经达到了几百亿美元,并形成了一些专业性公司,如美国 BCI 公司(Bioremediation Consulting Inc.)、美国 WIK Associates Inc.、美国工程服务生物修复公司(Engineering Services and Bioremediation Company)等。这些公司在石油、化工有机污染的清除方面,取得了不菲业绩。不过,纵观国际生物修复产业,业务多针对石油烃、持久性有机污染物的处理,而关于农药污染的大规模生物修复则少见应用。

1. 细菌在土壤修复方面的应用前景

近年来,我国在细菌土壤修复方面也取得了快速的发展。南京农业大学在土壤农药残留的细菌修复方面取得了一系列成果,从1991年开始对各种农药残留降解菌株进行生物学特性和工业化发酵生产工艺等各项技术参数研究,形成了农药污染细菌修复成熟的技术体系和产品,进行了累计几千次田间小试试验和数十次中试规模试验,并应用于水稻、韭菜、小青菜、冬枣等农产品和各种性质的农田土壤的农药污染原位修复,降解率在80%以上,修复效果非常显著。

各种消除农药污染的措施中,细菌修复虽受农药的种类、环境条件等因素限制,但具备高效、安全、成本低、无二次污染等众多优势,具有广阔的发展前景。随着研究的进一步深入和对农药细菌修复技术规律的逐渐掌握,农药生物修复具有非常好的发展空间,将在农药环境污染的治理中发挥更大的作用。细菌修复技术研究将在白腐真菌的应用研究、环境细菌物种资源和基因资源的收集与保护、高分子有机污染物降解过程中的共代谢机理、代谢工程与生物修复相结合解决难降解污染物的生物降解问题、细菌在生态系统组成中的相互关系(信息交流)、污染环境中的降解性细菌分子生态研究、增强细菌降解性能的其他属性(如趋化性)研究、土壤宏基因文库中降解性功能基因的筛选、通过遗传工程构建高效降解的细菌菌株、生物降解潜力的指标与生物修复水平的评价、污染环境的生物全细胞检测、生物修复与理化方法结合的综合技术研究、污染物的资源化与生物修复的产业化等领域进一步展开。

2. 细菌在污水处理中的应用前景

细菌能不断与周围环境快速进行物质交换,而污水具备细菌生长繁殖的条件,因此细菌可在污水净化和治理中得到广泛应用,前景极其广阔。

利用细菌处理污水实际就是通过细菌快速的新陈代谢活

动,将污水中的有机物分解,从而达到净化污水的目的。细菌能从污水中摄取糖、蛋白质、脂肪、淀粉及其他低分子化合物。细菌新陈代谢类型有需氧型和厌氧型两种,相应的净化方法可分为好氧净化和厌氧净化两种。

好氧净化是在有氧存在条件下,好氧细菌通过分解代谢、合成代谢和物质矿物化,在把有机物氧化分解成 CO_2 和 H_2O 等的过程中,获寻 C 源、N 源、P 源和能量。污水的细菌好氧净化方法就是模拟上述原理,把细菌在一定的构筑物内进行通气培养,高效率净化污水。(图 4-6)

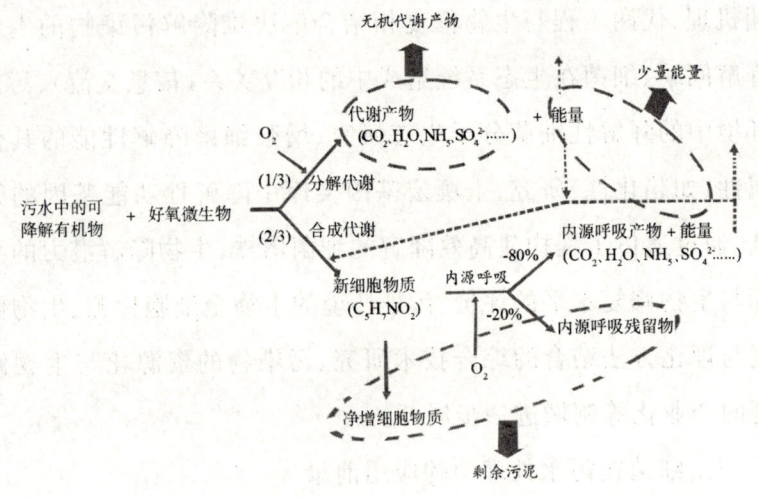

图 4-6 好氧净化示意图

厌氧净化是在严格厌氧条件下,细菌对有机物发酵或水解,将大部分有机物分解生成 H_2、CO_2、H_2S 和 CH_4 等气体。污水经过细菌厌氧发酵后,既能被净化,又释放了生物能源 CH_4。

细菌细胞能量转移的电子受体,由在好氧条件下的分子氧转变为在厌氧条件下的有机物。在厌氧条件下,不溶于水而难分解的大分子有机污物,被细菌的胞外酶降解为可溶性物质,再由产甲烷的厌氧细菌和产氢细菌降解成低分子有机酸类和醇类,同时放出 H_2 和 CO_2;有机酸类和醇类经产甲烷菌降解成 H_2、CO_2 和 CH_4。甲烷菌还可利用 H_2 还原 CO_2,形成 CH_4。(图 4-7)

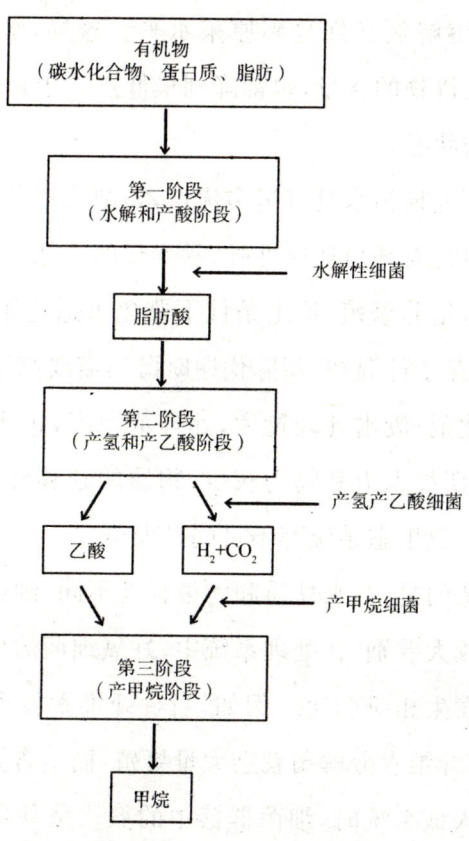

图 4-7 厌氧净化示意图

在细菌净化污水过程中,一般会出现如下变化:(1)有机污染物的浓度由高变低。(2)异养细菌迅速氧化分解有机污染物并大量繁殖,以细菌为食料的原生动物出现数量高峰,紧接着受有机物矿化利好条件诱导,藻类出现生长高峰。(3)溶解氧浓度随着有机物被细菌氧化分解而大量消耗,直至降到最低点,之后,随着有机物的无机化、藻类的光合作用以及其他好氧细菌数量的下降,溶解氧又恢复到原来水平。这样,水中细菌的数量,有机物、无机物的含量,也都降到最低点。于是,水体又恢复到原来的清洁状态。

利用细菌处理污水具有诸多优点,如细菌本身具有来源广、易培养、繁殖快、对环境适应性强、易变异的特征,生产上较容易采集菌种进行培养繁殖,特定条件下驯化可适应不同的水质条件;细菌的生存条件温和,新陈代谢时既不需要高温、高压,也不需要添加催化剂;废水处理量大,处理范围广,相比其他方法运行费用较低,所投人力和物力较少;物质的迁移转化效率高,任何天然的或农业生态系统都不可同日而语。

需要注意的是,污水性质和污染程度不同,细菌种类和数量就会表现出较大差别,在处理系统中,好氧细菌的优势种群组成和数量也会发生相应变化。例如,当含纤维素较多的废水进入反应系统时,纤维素分解菌就会大量繁殖,而当含蛋白质较多的废水大量进入该系统时,细菌群落中的氨化菌种群则迅速占据优势。某些原生动物及其数量对水质因素(如氧溶量、pH 值等)的变化较敏感,可作为鉴定污水污染程度的指示生物。在污染严重、有机污物众多的废水中,草履虫、小口钟虫、肾状豆形虫、板壳虫等会大量出现;在中度污染、有机污物较多的废水中,原生动物的种类及数量最多;而在水体清澈、有机污物少的废水中,原生动物的种类则十分少见。

此外,污水中原生动物的种类和数量与净化处理的效果有着密切关系,常被用作净化情况的指示生物,据其对净化处理效果做出预报。一般来说,游动鞭毛虫类或游泳型纤毛虫类占较大优势时,往往净化效果较差,或废水处于培育活性污泥初期。当发现有固着型纤毛虫类时,说明活性污泥已经形成。轮虫有自净作用,若活性污泥中有大量轮虫和多种纤毛虫出现,则说明有机污物含量很少,净化度较高,污水处理效果自然较好。水蚯蚓对污水也有自净作用,其种类与数量随污染的减轻而减少。在净化效果较好的污水中,还会出现线虫、颤蚓等后生动物。

综上所述,保护好现有的细菌种群,充分利用细菌来修复已被污染的土壤、水体和环境是完全可行的,尽管需要的时间周期可能有些长,道路也很曲折,但前景是光明的。

第五章
前景光明的微生态事业

一、善待细菌,是生态文明建设的重要举措

党的十八大报告提出坚持"自然恢复为主的方针"。而生态面貌和功能恢复的检验标准则取决于土壤环境中细菌和自然植被恢复得如何,要真正做到这些,则必须善待和保护细菌。

党的十八大报告指出:"把生态文明建设放在突出地位,融入经济建设、政治建设、文化建设、社会建设各方面和全过程,努力建设美丽中国,实现中华民族永续发展。……给自然留下更多修复空间,给农业留下更多良田,给子孙后代留下天蓝、地绿、

水净的美好家园。"①2013年中央城镇化工作会议提出:"城镇建设……要体现尊重自然、顺应自然、天人合一的理念,依托现有山水脉络等独特风光,让城市融入大自然,让居民望得见山、看得见水、记得住乡愁……在促进城乡一体化发展中,要注意保留村庄原始风貌,慎砍树、不填湖、少拆房,尽可能在原有村庄形态上改善居民生活条件。"②

改造自然、战胜自然过去曾是家喻户晓的口号,然而发展中过度的开发行为以及日益显现的问题使我们明白:人与自然不在于谁战胜谁,关键是两者如何和谐相处。我们要生存,就必须保护自然、敬畏自然。我们已经对自然掠夺得太多,破坏得太重,现在不得不给自然以修复、疗伤。党十八大报告还提出:"必须树立尊重自然、顺应自然、保护自然的生态文明理念……坚持节约优先、保护优先、自然恢复为主的方针。"③那么,怎样才算

---

① 胡锦涛:《坚定不移沿着中国特色社会主义道路前进 为全面建成小康社会而奋斗——在中国共产党第十八次全国代表大会上的报告》,见新华网,访问日期:2015年11月10日,http://www.xj.xinhuanet.com/2012-11/19/c_113722546_8.htm。

② 《习近平在中央城镇化工作会议上发表重要讲话》,见新华网,访问日期:2015年11月10日,http://news.xinhuanet.com/photo/2013-12/14/c_125859827.htm。

③ 胡锦涛:《坚定不移沿着中国特色社会主义道路前进 为全面建成小康社会而奋斗——在中国共产党第十八次全国代表大会上的报告》,见新华网,访问日期:2015年11月10日,http://www.xj.xinhuanet.com/2012-11/19/c_113722546_8.htm。

是"自然恢复为主"了呢？笔者认为，当是尊重自然规律，顺其自然地修复自然，使其恢复原有生态面貌和功能，其检验标准则取决于土壤环境中细菌和自然植被恢复得如何，而要真正做到这些，就要停止或最大限度地减少人为干扰，更不是搞了多少所谓的"政绩工程"。

社会经济发展，不仅要满足人们的物质需求，而且要保护自然资源的再生能力，更重要的是将全局和长远经济效益放在首位，永久保持人类生存和发展的良好生态环境。生态文明建设的目标从宏观上为社会发展指明了方向，关乎国家、民族、人民的久远切身利益，对于优化生态经济系统整体效益具有显著促进作用。毫无疑问，生态文明建设的内容涉及方方面面，就经济发展而言，涉及发展与环境保护的关系平衡，环境污染、生态退化、资源浪费的产生原因和控制方法，环境治理的经济评价，以及经济活动的环境效应等。此外，还涉及如何处理生态系统和经济系统相互作用所形成的复合系统及其矛盾运动过程中发生的种种问题，涉及如何在生态经济发展和运动规律指导下，人类经济发展和自然生态发展相互适应、保持平衡。总体而言，善待细菌、保护细菌，是生态文明建设过程中极其重要的环节和不可回避的重要问题。

二、保护细菌,合理开发细菌这个生物富矿

细菌的重要性远比我们知道的多得多,毫不夸张地说,它几乎占全了生物界的"世界之最":它是我们这个星球上历史最久、数量最多、分布最广、生长最快、总体积最大、适应性最强、种类最丰富、未知领域最神秘、研究前景最广阔的生物群。毫无疑问,人类在解决自身和社会的诸多领域都有拜赐于细菌这个小精灵,如自身健康、环境保护、绿色能源、有机农业、生态和谐等。对其进行合理开发将是人类文明的一大财富。

细菌种类繁多,无处不有,差异巨大。小的,比如说支原体,只有 0.5~0.6μm 大小;大的,比如一种在红海中与鱼共生的细菌,甚至可以用肉眼就能够看到。差不多每 1 克物质上都生活着 100 个细菌。

美国科研人员发现,白蚁可以把木头消化成有机小分子,利用这些有机小分子可以提炼出乙醇。但是,白蚁并不是通过自身的消化系统将木头分解的,而是依靠体内的上百种细菌来完成这项庞大而复杂的消化分解工作的。于是,科学家分离出白蚁体内的细菌,用庞大的发酵罐来繁殖。同时,他们在美国南部种植了大量的速生杨树林,将这些杨树砍伐后放到发酵罐里,那

些细菌就可以源源不断地"生产"出有机小分子,以供科研人员提炼燃料——生物乙醇。

细菌也是有机物,有机物的主要成分是碳、氢、氧、氮等物质。其中,碳是最主要的。实际上,地球上细菌的含碳总量可以达到3500亿~5500亿吨。这几乎是植物含碳总量的一半。细菌的含氮总量在650亿~1300亿吨,含磷总量在90亿~140亿吨(这个数字比所有植物的含磷量还有高出10倍)。所以说,细菌当是地球上人类最重要的可利用资源之一。

除了这些,细菌对我们每个人来说也有非常重要的意义,它是保持和促进人体健康的重要因素。

不久的将来,通过个人基因组的研究,医生就可以针对个体的病情和个体独特的基因来选择药物,从而做到真正的"对症下药"。未来的医疗诊断,不仅要参考病人的基因,还要针对病人身上的细菌状况来进行诊断。科研人员发现,细菌与某些疾病的发生紧密相关。如儿童自闭症的发病与肠道菌群里某些细菌分泌的神经毒素关系紧密,这也可能是心理医生治疗儿童自闭症收效甚微的原因之一。此外,心血管疾病、炎症也都和肠道菌群异常导致的毒素增加有关。

眼下,我们对细菌的了解还远远不够,但是随着科学的发展,小小的细菌肯定会给我们带来更多的惊喜。

三、细菌应用的光明前景

随着科技的发展和人类文明的进步,细菌应用的范围和领域也越来越广泛,在治理污染、废物利用、疾病防治、保护环境等诸多方面发挥了巨大的作用。细菌虽小,可它给人类社会带来了福音……

(一)细菌可以吃掉海洋油污

某些种类的细菌事实上可以协助人类清理某些麻烦的环境污染问题,比如海洋漏油。海洋烷烃降解菌"Alcanivorax"是一种杆状细菌,体内有着加工石油的基因,吞噬石油的能力十分强大,当海上出现石油泄漏时会大量增加,因为这些油污为它们提供了食物。这就为我们清除海洋油污提供了方法。例如,2010年,墨西哥湾发生严重的原油泄漏事故,事故发生的87天里共有约500万桶原油泄露进海水里,油污形成了超过5000平方千米的污染区,就在人们一筹莫展之时,却发现这些石油正在迅速消失,科研人员后来透露,嗜油菌"Alcanivorax"在其中发挥了巨大作用,约有74%的漏油被其清理干净,它完成了清油工作中常规情况下人工几乎无法完成的最为艰难的一部分任务。

(二)细菌可以清除污染并产生电能

科研人员发现,一种名为"希瓦氏菌"的深海细菌不仅可以消化化学溶剂等有毒废物,同时还可以产生电能。希瓦氏菌在低氧环境中能够长出求氧纳米线,这种附属物与铂电极相连时,可以传出电流。如果这种性能得到有效利用,那么在污水处理厂中,希瓦氏菌就可在处理污水的同时为设备提供电能。科学家已展开了这方面的应用性研究,并有望在未来10年内研发出理想的生物清洁燃料电池。一旦成功,将有希望成为石油、煤矿、天然气等稀缺能源的替代品。

(三)细菌可以清除放射性污染

某些细菌生长的纳米线附属物,不仅可以固定放射性污染物,还可以防止扩散。美国密歇根州立大学的研究团队发现,一类称为地杆菌的细菌,外面长着细长的丝状物,可以用来电镀铀,将其转化为非溶解物质后完成清除。科学家研究发现,正是这种细长的纳米线附属物增强了细菌清除铀污染的能力,同时认为细菌的这种功能也适用于其他一些金属元素的放射性同位素,包括锝、钚和钴等。这项成果不仅可以治理以往核试验造成的铀污染,还可以用来预防核泄漏带来的灾难性后果,如2013年发生的日本福岛核电站事故处理。

(四)细菌可以用来降解塑料

化学工业的发展给人类带来了极大的益处,但它的副作用也令人们头痛不已,尤其白色污染——塑料的处理成为一大难题。不过,2008年,加拿大一位学生取得了惊人的发现:有的细菌可以消化塑料。自此以后,研究团队一直在研究细菌的这种能力并希望能够开展大规模应用。爱尔兰都柏林大学一位科学家还发现,有一种细菌可以将塑料瓶变成一种新型塑料,而这种新型塑料是可以生物降解的。就目前的成果而言,有关细菌吞噬塑料在食物链传递过程中作用的定论,尚有待科学的论证,但细菌的这种塑料降解功能,给予了我们明确的解决问题的方法。

(五)细菌可以消耗温室气体甲烷

甲烷是一种吸热潜力巨大的危险温室气体之一,其威力大概为二氧化碳的23～30倍,然而在各种工业或自然过程中,都会产生这种气体。研究证实,甲烷正在不断从融化的永冻土层中释放出来,其数量之大超乎了人们的预料。经科学家测算,仅北半球西伯利亚释放的甲烷就比以往高出5倍之多,北半球湿地中甲烷气体的释放总量比预计的多出10%～63%。因此,众多致力于研究全球变暖的科学家们正在努力寻找控制甲烷的方法。不过,一种最简单的方法来自一种单细胞细菌,这种细菌可以利用环境中的铜来分解甲烷,将这种温室气体和有毒重金属完全清除。目前,已有研究人员正在尝试将这种技术投入实际应用,如让甲烷排放物通过装有这些细菌的过滤器再排放出去。此外,细菌在消耗掉甲烷后,会将其转化为燃料甲醇。

(六)细菌可以将报纸转化为汽车燃料

科学家在动物尿液中发现一种名叫"T-103"的细菌,它可以吃掉报纸并将其转化为生物燃料丁醇。这种由美国杜兰大学科学家发现的细菌,是一种喜食纤维素(有机化合物)的天然菌株,而纤维素广泛存在于绿色植物中,是全球最丰富的有机材料之一。这种技术使得燃料的生产过程花费极小,在实际生活中应用前景十分可观。作为汽车燃料,丁醇优于乙醇,可以在不对现有发动机进行任何改良的前提下直接驱动机动车辆,而且腐蚀性很小,通过现有汽车燃料管道即可传输,所包含的能量也比乙醇多,能够大大增加行驶里程。此外,丁醇还能够大大降低二氧化碳和烟雾的排放量。

(七)细菌可以治疗癌症

癌症的成因十分复杂,但可以确定的是一部分细菌在其中扮演了重要的角色,研究证实许多癌症都是由病菌、病毒引起的。不过,细菌是把双刃剑,目前细菌的抗癌作用已经引起科学界的重视,越来越多的科学家投身到了细菌癌症克星功能的研究之中。我们每个人的人体内都有原癌基因,而癌症是否出现的关键在于人体免疫系统能否成功抵御。由此,科学家试想,不断接触过敏原、细菌或某些毒素能使人体免疫系统始终保持高度警惕,从而将癌细胞杀死在形成初期。科学家已经开发了一些神奇的方法和技术,利用某些细菌的基因、特殊蛋白质消灭癌细胞,快速剔除那些长在特殊部位、医生无法下手的肿瘤。金黄色葡萄球菌是一种常见的、可引起食物中毒的致病菌,长期以来被认为是有害的。不过,现在人们发现它的代谢物——肠毒素是一种具有特殊功能的超级抗原。在免疫反应中,这种超级抗原只需要极微小的量即能以普通抗原 3 万～5 万倍的速度快速激活 T 细胞、巨噬细胞等，同时诱导产生多种内源性细胞因子和细胞毒来治疗癌症等多种疾病。金黄色葡萄球菌代谢物所产生的这种超级抗原，已经投入临床应用，很有可能成为治疗癌症的一个有力武器。有的细菌还能产生一些酶类基因（如胸苷激酶基因），将其转入动物细胞中后，细胞就会按照它的指令制造出一种特殊蛋白，这种蛋白能够将原本对哺乳动物细胞无效或极低毒性的药物转换成剧毒产物，使细胞"服毒自杀"，这项治疗方法已被用于脑瘤的治疗，其优势在于只会消灭肿瘤细胞，而不会像化学药物那样损害人体健康。人体自身也有抗癌基因，但所制造出来的蛋白作用时间很短，无法对肿瘤细胞形成持续攻击，达不到抑制癌细胞扩散的目的。科学家从绿脓杆菌中分离出来一种具有抗癌疗效的特殊蛋白，能使人体抗癌物质的寿命大大延长，抗癌物质会启动一系列分子反应，迫使肿瘤细胞停止分裂，甚至加速肿瘤细胞死亡。美国约翰·霍普金斯大学医学院的一名研究人员，将一种厌氧细菌注入长有大肿瘤的裸鼠身上，数小时后，令人惊异的一幕发生了：可怕的肿瘤消失了，那些细菌竟然把肿瘤"吃"得干干净净，裸鼠患肿瘤的部位只留下一块黑色的结痂，这是厌氧细菌跑到肿瘤中心、快速杀死肿瘤中心细菌的缘故。研究人员在对这种厌氧细菌进行改造后，使其在保持对肿瘤细胞杀灭作用的同时，毒素含量减少到对裸鼠无害。截至目前，有关细菌治疗癌症的案例还有很多，但是多为针对动物试验方面的研究,临床应用还比较少,其科学性操作尚待更多验证。不过,从总体来看,利用细菌治疗癌症给我们提供了一种新的方向、带来了新的希望,相信不久的将来定会有重大突破。

（八）熊猫粪便中的细菌可以生产生物燃料

研究人员发现,吃竹子的熊猫粪便中的细菌能够高效地分解坚硬的植物纤维材料。这一发现将加速基于植物的生物燃料的研发,而不再单纯依赖粮食。在熊猫粪便中发现的这些有助于消化的细菌与在白蚁体内发现的细菌有些类似,不同之处在于白蚁似乎更擅长消化木材。对于熊猫粪便所含细菌的这种特殊功能,研究人员指出,由于只吃竹子,面对营养匮乏的情况,熊猫的肠胃已进化到能够快速消化植物纤维以获取足够营养的程度,而这种快速消化的功能,则来自于熊猫肠道中能产生高效的酶的细菌。当然,这并不意味着熊猫粪便就能够立即满足生物燃料的需求,国宝熊猫的珍稀程度令这种期望大打折扣。不过,这种具备纤维素消化能力的细菌已被分离出来并用于规模生产。

（九）细菌可以将人的粪便转化为火箭燃料

除了熊猫的粪便,人的粪便也可以转化为燃料,且是火箭燃料。厌氧氨氧化菌存在于人的尿液和粪便中,在它的帮助下,人的尿液和粪便能够转化为火箭燃料——肼。在这一过程中,细菌消耗粪便中的氨,然后产生肼。美国国家航空航天局曾对此产生过浓厚的兴趣,但后来兴趣消失,因为研究人员认为厌氧氨氧化菌所转化的肼量太少,不能够将火箭送上火星。不过,也有科学家认为，厌氧氨氧化菌的这种功能加深了其对蛋白质复合体聚集的理解，在精确确定之下或许能加快这一转化过程。更为重要的是，在这一发现之前，科学家们一直认为肼只能是一种人造物质。

（十）吃尼龙的细菌可以用来清除工厂废料

在日常生活中，一种坚固的塑料名为"尼龙 6"的聚合体到处可见，如牙刷、外科缝合线、针织类物品、琴弦等。这种聚合体在生产过程中产生的有毒副产品会污染水源和环境。不过不要紧，"卤水点豆腐，一物降一物"，一种名为"Flavobacterium"的细菌可以生产一种酶，这种酶可以用来消化那些有毒的副产品。"Flavobacterium"也被称为"尼龙菌"，在尼龙被发明之前，它并不存在这种功能。尼龙菌所具备的能力来自于它只能够靠消化尼龙存活，无法享受普通细菌食用的一般碳水化合物。科学家经研究证实，尼龙菌由一种原本以糖为生的细菌移码突变而来，在一个意外的情况下，细菌的原有基因编码发生整体移位而组成一种全新的蛋白质，以人来类比，类似一个只能吃毒药才能维持生命的家伙出现了。这就为我们清除工厂废料提供了新思路和新方法。

（十一）噬硫细菌可以减少矿山酸性排水量

在采矿过程中，当矿物中含的硫与水和氧发生反应时，会产生有毒的硫酸，并释放二氧化碳。这一过程有可能是加剧气候变化、产生酸雨的主要环境问题之一。加拿大麦克马斯特大学的科学家发现,从安大略省北部地区尾矿中分离出来的两种细菌可以相互合作,利用硫作为能量来源,在一个循环内产生废物并消耗对方的废物,从而减少有毒流失物,即矿山酸性排水量。

(十二)可替代抗生素的微生态产品

经过大量科学的验证,科学家已针对不同领域发明了功能不同的微生态产品,并已投入市场,我们可以方便地从市面上购买。如医药微生态保健类产品——女性专用益生菌产品(双歧三联活菌)(益丽康)、乳酸杆菌,儿童专用益生菌产品——婴儿双歧三联活菌颗粒剂(贝贝康),中老年专用益生菌产品——金双歧三联复合双歧杆菌(歧效胶囊),动物微生态保健品——酪酸芽孢杆菌与乳酸杆菌(酪宝),植保微生态产品——复合乳酸杆菌(金梦达)、净水宝光合细菌等。(图 5-1、图 5-2、图 5-3)这些微生态产品能够完全替代抗生素,且没有抗生素的剂量大和副作用,在宿主体内定植可以持续释放生物细菌素和多种消化酶类,物质能长期保持个体健康,使其少发病,并能根据宿主体质和饮食随时释放让其存活的物质,将疾病扼杀于萌芽状态。

图 5-1 功能各异的微生态产品之一

第五章 前景光明的微生态事业 | *143*

图 5-2 功能各异的微生态产品之二

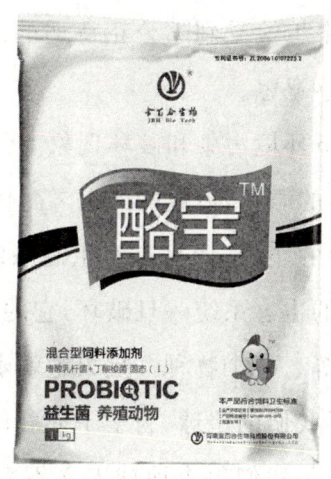

图 5-3 功能各异的微生态产品之三

跋

通过多年的资料搜集、整理与编写,《为菌正名》终于与大家见面了,笔者多年来想给受到不公正待遇的细菌"平反"的文字得以公开出版,甚感宽慰。

我们看到,当下环境污染和破坏现象十分惊人,加之医院和农牧行业抗生素等的滥用,造成的严重毒副作用,不但将人类的生命健康置于危险的境地,而且是对生态系统的巨大破坏。我们知道,地球脆弱的生态系统一旦破坏,它的修复少则需要几十年,多则数百年不等。一个物种一旦灭绝就永不能复生,将从地球彻底消失。为了我们的星球,为了子孙后代,切实保护人类健康,保护生态环境,是我们每个地球人义不容辞的责任,我们都应大声鼓与呼。

在今天和可以预见的将来,我们的发展已带来了深刻的、不容回避的社会问题。人生的目的是什么?人类存在的意义究竟何在?人类文明的发展,难道只是为了物质享受、追名逐利这些"卑微的目的"吗?培根说,难道人类非得变成经济动物,只知道专注于膨胀的胃和膨胀的银行户头吗?如果我们要统治自然,那么就必须先学会听命于自然。发展是硬道理的经济模式,"唯

GDP论英雄"的发展观,不计生态成本且以资源和环境为代价……。今天是时候应该对此进行深刻反省了。

尤其需要指出的是,在科技发展日新月异的今天,许多人往往把"科学"与"技术"混为一谈。在百度中搜索"科学"一词,其基本解释是"指发现、积累并公认的普遍真理或普遍定理的运用,已系统化和公式化了的知识"①,而对"技术"一词,世界知识产权组织这样定义:"制造一种产品的系统知识,所采用的一种工艺或提供的一项服务,不论这种知识是否反映在一项发明、一项外形设计、一项实用新型或者一种植物新品种,或者反映在技术情报或技能中,或者反映在专家为设计、安装、开办或维修一个工厂或为管理一个工商业企业或其活动而提供的服务或协助等方面。"②可见,"科学"与"技术"是在根本上完全不同的两个概念。

需要警惕的是,社会上太多的人打着"科学"与"技术进步"之名,做着与可持续发展相悖的事。我们需要借助一双慧眼,来辨别这些所谓"科学"的真伪。因为科学是"发现、积累并公认的普遍真理或普遍定理的运用","在对自然界进行观察以及在与自然对话的过程中,科学总是表现得谦恭、深沉,同时又是令人

---

① 见百度百科,访问日期:2015年10月20日,http://baike.baidu.com/subview/3805/5909235.htm。

② 见百度百科,访问日期:2015年10月20日,http://baike.baidu.com/subview/45517/12502662.htm。

满怀敬意的"①。在当下浮躁的社会氛围中,某些技术往往注入了太多的个人(或企业)私欲,充满了谎言,甚至对社会极具破坏性,像"瘦肉精添加技术""高效杀虫剂、除草剂技术"等。尤其转基因主粮作物的推广,为当前社会争议较大的热点,受到了多数人的质疑和抵制,这说明转基因顶多只是一项先进技术,还不能是科学,在一定程度上没有遵从"道法自然"的原理,对此,崔永元先生总结得很经典:"虽然你们懂得转基因,但并不懂得社会的全部,这个世界除了自然科学还有人文科学。"②

有人把抗生素的发现列为近代科学的十大发明之一,笔者丝毫没有低估或者否定抗生素在拯救严重细菌性感染时所起的决定性作用,抗生素曾经并将继续对人类健康做出巨大贡献。但目前的问题是,抗生素正在被无节制地滥用,许多医院把它当作万能药物,养殖户将它当作饲料……从而造成了一系列恶果。笔者认为,抗生素应该、最终会回归到它应该发挥作用的指证上去。

我们需要尽快改变观念。用益生菌治疗疾病、修复土壤、增产粮食、减少或者治理环境污染等,发达国家早已行动,并且卓有成效。在美国,为限制抗生素的滥用,其管理限制比枪支都严

---

① 何塞·卢岑贝格:《自然不可改良:经济全球化与环保科学》,生活·读书·新知三联书店1999年版,第64页。
② 商西:《观点·崔永元:慎推广转基因粮食》,《京华时报》2013年10月21日。

格。欧盟为鼓励推广生物饲料，2006年已明文规定严禁在动物饲料中添加任何抗生素。日本琉球大学比嘉照夫教授于20世纪80年代发明的EM复合微生物菌剂，除能使粮食等农作物增产外，还治理好了巴西被污染的湖水。迄今为止，EM复合微生物菌剂风靡全世界90多个国家和地区。

　　就在本书付梓前夕，一篇来自新华网的报道指出："由于使用过度和使用不当，抗生素在治疗普通感染时的效力锐减，因此，世界正在快速走向'后抗生素时代'。"①世界卫生组织在以"慎重对待抗生素"为主题的首个世界提高抗生素认识周（2015年11月16～22日）发出核心信息，强调每个人可以为保护抗生素未来持续有效做些什么。世界卫生组织纽约办事处主任娜塔·梅纳伯德说："抗生素耐药性不断增加可能是当今全球医疗界面临的最严重问题。如果不采取任何措施，到2050年，这一问题可能导致每年上千万人死亡。"②与此同时，一条题为《终于向"抗生素"开刀了！明年起大部分医院门诊不许打吊针》的消息在微信朋友圈广为传播开来……

　　让我们改变对细菌的偏见吧，正如康白教授在本书《序一》

---

① 刘映：《世卫组织呼吁：避免"后抗生素时代"来临》，见新华网，访问日期：2015年11月18日，http://news.xinhuanet.com/health/2015-11/17/c_128438501.htm。

② 倪红梅、顾震球：《世卫组织呼吁重视抗生素耐药性问题》，见新华网，访问日期：2015年11月18日，http://news.xinhuanet.com/world/2015-11/17/c_128435335.htm。

中指出的那样:"细菌对人类不仅是有益的,而且是必需的。"毫不夸张地说,只有细菌才能拯救我们这个满目疮痍的地球,这应是一场思想和行动上的革命。不必奢谈以人为本,从宇宙的长河来看,人类只是宇宙中一粒微不足道的尘埃,孰本孰末?即使真有所谓的本与末,也应以自然为本,以宇宙为本,终究是自然养育了人类,而不是人类养育了自然。如此,才符合老子"天人合一""道法自然"的哲学思想。

本书力求知识性、趣味性和可读性的统一。但由于内容涉及微生态学、医学生理学、动物生理学、植物营养学、土壤生物学、环境微生物学、宏观生态学、生物化学等多学科的知识,笔者个人学识有限,难免挂一漏万,错讹之处在所难免,衷心欢迎广大读者给以批评指正,本人将不胜感激。

《为菌正名》可以作为那些与"细菌"工作有关的在校大学生、研究生、教师、科研工作者以及有一定阅读能力并对"细菌话题"感兴趣的大众的参考资料和科普读物。能使诸位从中受到裨益,并从自身做起"生态环保",笔者便感莫大的欣慰。

正可谓:

趋利避害地球村,永做朋友人与菌。

和谐相处是自然,生态平衡天地人。

图书在版编目(CIP)数据

为菌正名/杜灵广著.－郑州:河南大学出版社,2015.11
  ISBN 978-7-5649-2119-4

  Ⅰ.①为… Ⅱ.①杜… Ⅲ.①细菌－普及读物 Ⅳ.①Q939.1-49

中国版本图书馆 CIP 数据核字(2015)第 193012 号

责任编辑	马 博 肖凤英
责任校对	时二凤
封面设计	郭 灿

出版发行	河南大学出版社			
	地址:郑州市郑东新区商务外环中华大厦 2401 号 邮编:450046			
	电话:0371-86059701(营销部) 网址:www.hupress.com			
印 刷	开封日报社印务中心			
版 次	2015 年 11 月第 1 版	印 次	2015 年 11 月第 1 次印刷	
开 本	880mm×1230mm 1/32	印 张	5.5	
字 数	109 千字	定 价	19.80 元	

(本书如有印装质量问题,请与河南大学出版社营销部联系调换)